浄土宗開創前の諸宗の教え

福原 隆善 著

山喜房佛書林

目次

浄土宗開創前の諸宗の教え

序　説

父の非業の死を目のあたりにし、遺恨をもたず、自他ともに救済される道を求めよという父のことばによって出家した法然上人（一一三三―一二一二、以下尊称を略す）は、自らが救済されることにとどまらない自他ともに救済される仏法を求めることが生涯の命題になっていた。出家後に叡山の皇円や叡空等から教えを受け、さらに南都へ諸宗の学匠を訪ねて法門を受けたが、結果的には満足する教えを受けることができなかった。当時の南都北嶺の教えはどういうもので、どういう点に満足できなかったのか、具体的な内容について検討する必要がある。さとりや往生の道がすでに釈尊によって説かれ、それぞれ実践されているにもかかわらず、どういう点に不足があるのかが明かされなければならない。釈尊の教えは八万四千といわれるほど数限りなくあるにもかかわらず、当時の法然を満足させる教えはなかったのか、この点について検討を加えたい。

一、法然当時の諸宗

序

法然当時にどのような仏教があったのか、どのようにとらえていたのであろうか。釈尊の教えを受けるのは経論疏等によることになるが、『禅勝房に示されける御詞』に「唐土より日本へ渡しまいらせたる一切経は五千余し巻あり[1]」とあるように、当時の一切経は五千余巻と受けとめられていた。諸宗はこれらの仏典によって宗を立てることになる。法然は当時の諸宗について、八宗のほか仏心宗を加えて九宗ある認識を示しているので[2]、これをどのように整理してとらえていたかを検討してみる。

(1)

法然のいう八宗九宗については『往生大要鈔[3]』や『選択集[4]』『無量寿経釈[5]』等によって整理してみると次のようである。

- 華厳
- 鹿苑
  - 小乗教
    - 声聞乗―成実、倶舎、律
    - 縁覚乗

一、法然当時の諸宗

- 一代仏教
  - 聖道門
    - 方等
    - 般若
    - 法華・涅槃
    - 大乗教
      - 菩薩乗―歴劫修行成仏教
        - 三論
        - 法相
      - 仏乗―即身頓証教
        - 真言
        - 達磨
        - 天台
        - 華厳
  - 浄土門
    - 正明往生浄土之教―無量寿経、観無量寿経、阿弥陀経、往生論に明かす教
      - 惑を断じないで往生する教え
      - 頓中の頓教
    - 傍明往生浄土之教―華厳、法華、随求、尊勝の諸経、起信論、宝性論、十住毘婆沙論、摂大乗論の諸論に明かす教
      - 惑を断じて往生する教え
      - 頓中の漸教

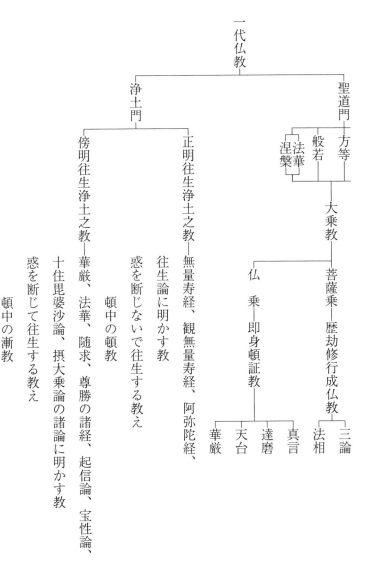

『往生大要鈔』によれば、釈尊一代の仏教を聖道門と浄土門に分け、聖道門は天台の五時教判によって、華厳、鹿苑、方等、般若、法華涅槃に、浄土門は正明往生浄土之教と傍明往生浄土之教に分けている。聖道門はさらに小乗教と大乗教に分け、小乗教は鹿苑時の教えであって成実、倶舎、律の声聞乗と縁覚乗とがあり、大乗教は歴劫修行成仏の教えの三論と法相の菩薩乗と即身頓証の教えの華厳、諸大乗、般若、法華、涅槃の仏乗とがある。これら聖道門の教えは娑婆世界にあって断迷開悟の道であるとする。

まず聖道門の鹿苑時に説かれる小乗の声聞乗は成実、倶舎、律等の教えであり、不浄観や数息観を行じ、戒行を修し、四諦を観じて三生六十劫を経て阿羅漢果を得る。縁覚乗は独覚乗ともいわれ、釈尊の教えにもよらず、独りで縁をさとる教えであり、飛花落葉をさとり、戒行を修し、十二因縁を観じて四生百劫を経て縁覚果(辟支仏果)を得る。小乗の声聞乗と縁覚乗は自利のみを修し、利他行を修することはない。叡山で出家した法然は最澄の忘己利他の大乗の精神を受けているので、当然廃される教えである。次に大乗の菩薩乗の歴劫修行成仏教には三論宗と法相宗の二宗がある。三論宗は八不中道を観じ、四弘誓願をおこし、六波羅蜜を修し、三大阿僧祇劫の後に仏果を得る教えである。法相宗は四弘誓願をおこし、五重唯識観を修し、三大阿僧祇劫を経て仏果を得る教えである。一方、仏乗は即身頓証の教えで、成立順では華厳宗、天台宗、真言宗、達磨(禅)宗がある。達磨宗は法然の時代は宗としては確立されていない。ただ八宗に加えて九宗として数えられる。また声聞乗、縁覚乗、菩薩乗の三乗に仏乗を加えて四乗とされる。これについては、中国において『法華経』の火宅三車の譬喩からいわれることで、方便として用意された羊鹿牛の三車はなく、真実乗とされる大白牛車一車のみが用意されていたことからいわれることである。方便として用意されたとする羊鹿牛の三車の中の牛車と、実際に用意された大白牛車とを同じ牛車とするか否かによって三車説と四車説に分かれた。三論と法相は同一とする三車説であるが、華厳と天台は別とする四車説をとるので大白牛車を仏乗と位置づけるのである。

仏乗は即身頓証の教えであり、真言宗は父母所生身速証大覚位といい、入我我入、阿字本不生の観を修す教えであり、達磨宗は即心是仏の観により、直指人心、見性成仏とする教えであり、天台宗は煩悩即菩提、生死即涅槃を観じ、観心にて仏果を得る教えであり、華厳宗は法界唯心の観を修し、初発心時便成正覚の教えである。

次に浄土門であるが、傍明往生浄土の教えは、『華厳』、『法華』、『随求』、『尊勝』等の諸経や『大乗起信論』、『究竟一乗宝性論』、『十住毘婆娑論』『摂大乗論』等の諸論に明かす浄土教である。この浄土教は煩悩を断じて往生することを説く教えなので頓中の漸教とされる。一方、正明往生浄土の教えは、『無量寿経』『観無量寿経』『阿弥陀経』『往生論』のいわゆる三経一論に明かす浄土教であり、煩悩を断じないで往生を得ることを説く頓中の頓の教えである。

(2)

このように法然当時の仏教界にはすでに八宗九宗といわれる諸宗が存在し、法然はこれらの諸宗に教えを求めた。当時の諸宗はそれぞれ教判を立て、教えの優劣を競いあっていた。法然は、諸宗にはそれぞれ所依の経論があり、『逆修説法』には

> 彼花厳宗人持二花厳経一、或三論宗人持二般若等一、或法相宗人持二瑜伽唯識一、或天台宗人持二法花一、或善無畏持二大日経一、又金剛智持二金剛頂経一。如レ是各随レ宗持二依経依論一也。今宗二浄土一人依二此経一可レ持二四十八願法門一也。持二此経一者。則持二弥陀本願一者也。即法蔵菩薩四十八願法門也。其四十八願中以二第十八願念仏往生願一而為二本体一也(6)。

と述べ、それぞれ特定の経論をもって教判論によって立宗するのである。ただ続けて法然は特定の経論というより阿弥陀仏の本願によることを表明している。同じく『逆修説法』に諸宗が教判によって立教開宗するとして、法相宗は三時教、三論宗は二蔵教、華厳宗は五教、天台宗は四教をそれぞれ立て開宗しているという(7)。しかし法然は三経一論といって特定の経論をあげながらも、経論そのものの優勝性を述べることにあるのではなく、「教ヲエラフニハアラス、機ヲハカラフナリ(8)」といい、教え

の浅深より機と教が合うか否かが問われるべきことを述べている。そのため結果的に選んだ本願念仏の道について「善導の意に依て浄土宗を立、これ全く勝他の為にあらず[9]」といっている。それは「本為凡夫兼為聖人」の教えであるから凡夫聖人ともに摂する教とし

抑浄土一宗ノ諸宗ニコエ、念仏一行の諸行ニ勝レタルト云事ハ、万機ヲ摂スル方ヲ云也[10]

といい、『東大寺十問答』には

八宗九宗、みないつれをもわか宗の中に一代をおさめて、聖道浄土の二門とはわかつ也[11]。

といって、一代仏教すべてを念仏一門におさめとっているのである。

しかし仏教の諸宗はそれぞれ解脱を求める方法であるのに、なぜ法然は満足できなかったのか、諸宗の教えについてその特色を把握し、どこに問題があるのかについて検討を加えたい。

〔註〕

（1）『昭和新修法然上人全集』（以下『昭法全』）六九六

（2）『一期物語』（『昭法全』四三五）

（3）『昭法全』四七

（4）『昭法全』三一一

（5）『昭法全』六八

（6）『昭法全』二五二

(7)『昭法全』二七〇
(8)『昭法全』六一九
(9)『昭法全』四八二
(10)『昭法全』六三二
(11)『昭法全』六四三

二、法然当時の諸宗の教え

(1) 歴劫修行成仏の教え

諸宗については法然の図とは異なり、日本に伝来し根づいていった順にほぼしたがってとりあげていくこととする。まず聖道門の中の小乗教については、法然の学んだ経緯からいって教えを受けたとする事実はほとんど見あたらない。ついで大乗教の中の歴劫修行成仏教である三論宗と法相宗について検討を加えたい。

三論宗

最初に三論宗であるが、おそらく日本に最初に伝わった仏教と思われるが、三論教学は中国の吉蔵(五四九―六二三)によって大成された。宗名の示すとおり龍樹の『中論』『十二門論』と弟子提婆の『百論』を所依とする論宗である。その教学の特色は破邪顕正、八不中道、真俗二諦によって表わされる。破邪顕正は、三論教学の最も基本的な特色を表わしている。迷いの原因は煩悩によって真実をみることのできないことにあるとして、邪しまな見かた考えかたを打ち破り正しいものを顕すことにあるとする。この場合、破邪のほかに顕正があるのではなく、破邪即顕正であり、破邪すれば正しいものしか残らないということである。八不中道は、不生不滅、不断不常、不一不異、不去不来というように、一方に片寄らないものの見かた考えかたをいう。これも破邪顕正と同じで、すべての執れを取り除き中道を顕現することにある。中道とは単に片方に寄らないというのではなく、両辺を含みながら超えているということであるので、中道という道もまた存在しないのである。真俗二諦も考えかたは同様である。苦集滅道の四諦の法門をもって仏陀は衆生を教化されたが、その四諦の法門に対する見かたをいう。苦（果）集（因）の二諦は世間的真実、滅（果）道（因）の二諦は出世間的真実とし、俗諦と真諦の二諦にまとめられる。四諦は『般若心経』に「無苦集滅道」とあり、まとめられた二諦についても龍樹は『中論』に「諸仏は二諦によって衆生のために説法す。一に世俗諦、二に第一義諦なり」というように、四諦や二諦という真理を説いたのではなく、四諦、二諦という方法に依って教化されたのである。けれども吉蔵までの、とくに成実師は四諦や二諦を真理（理）として説かれたという。これに対して吉蔵は四諦や二諦は化導の方法（教）として説かれたとし、指月の喩や河を渡る筏の喩をもって、仏陀の教えに対する執われを批判した。基本的に仏陀の教えに優劣はなく、すべて真理に導く手段としたのである。優劣の差は機根の側にあるのであって、経典の側にはないとするのである。教学は執著しないという般若空思想を説くので『般若経』に基くが、『般若経』に対する執著を除くため、般若空思想を如実に説く『中論』等の三論に依ることになる。当然、経典より三論が優れているとみることも否定される。結局、三論宗は一切の執著を断ち切り、諸法を正しく受けとめる中道正観の道を説いている。

三論宗の日本への伝来は、高句麗の慧潅が来朝して元興寺に伝えたのが初伝とされる。第二伝は慧潅の門下の智蔵が中国に入り吉蔵について学んで法隆寺に伝承した。第三伝は智蔵の弟子道慈が伝承した流れが大安寺流と元興寺流に分派した。三論宗が発展したのは奈良朝以前であり、奈良朝末期には早くも次第に衰微することとなる。平安期を代表する三論の学僧は空海の師となる勤操（七五四—八二七）であり、その教えを受けたのが願暁（？—八七四）であった。願暁は密教を学び、続く道詮も密教に傾倒し、三論宗はやがて平安末期には密教化することになる。しかし平安末期には安澄（七六三—八一四）が出て『中論疏記』を著わし、三論教学を発揚し、命脈を保った。また西大寺の玄叡（—八二七—）は、淳和天皇によって天長年間（八二四—八三三）に各宗に対して教えをまとめるよう出された勅命を受け『大乗三論大義鈔』が提出されている。いわゆる天長六撰の一書である。

三論宗は密教化したものの、般若空思想を顕彰する学僧が輩出し、珍海（一〇九一—一一五一）は『三論玄義文義要』十巻、中観澄禅（一二二七—一三〇七）は『三論玄義検幽鈔』七巻などを残している。珍海の頃になると、叡山の源信の影響を受けて浄土思想が強く反映するようになる。

法相宗

次に歴劫修行成仏の教えの法相宗は、法の性と相とを明らかにしようとする宗派で、とくに相の面に力点が置かれるので法相宗という。小乗教の倶舎宗の教学が大乗的に発展した。釈尊はさとりへの道として四諦を説かれたが、具体的な修行を八正道で示された。八正道の核となるのは正見であり、仏教は所詮如実知見ということにある。法相宗は外界の諸法を執著をもたず正しくとらえる教学が説かれる。一切の諸法は心識の所現とし、心識を離れて存在しないとするので唯識宗ともいわれる。唯識教学はインドの無著、世親の兄弟によって組織され、中国の窺基（六三二―六八二、基という）によって大成された。無著と世親ははじめ小乗を学んだが、とくに世親は小乗学の大成書『阿毘達磨倶舎論』四十巻を著わし、性相学の基礎を示し、やがて大乗に転向する。

法相唯識教学の基礎となった世親の『倶舎論』には、一切諸法を分類して五位七十五法に分けている。五位七十五法は(1)物質をいう色法（十一法）、(2)心の主体である心法（一法）、(3)心法に所属し、これに伴っておこる精神作用の心所法（四六法）、(4)非色非心の色心どちらにも所属しない実法の不相応行法（一四法）、(5)因縁の造作を離れた常住の法の無為法（三法）である。倶舎では前七十二法を有為法、後の三法を無為法とし、関係なく存在するとする。これに対して法相唯識では一切法を五位百法とし、(1)まず心の主体の心王（八法）、そして(2)心所法（五法）、(3)色法（一一法）、(4)不相応行法（二四法）、(5)無為法（六法）となっている。倶舎と決定的に異なるのは、一切諸法はすべて心識の所現とみるため、第一に心王があげられる点である。心王は、倶舎では眼耳鼻舌身意の六識をたてるが、唯識では六識にさらに第七末那識、第八阿頼耶識をたてる。第七末那識は前の第六の意の識である意識と別に意即識の末那（意）を義とし、第八識を実我であると誤認する我執をいう。第八阿頼耶識は、阿頼耶（ālaya）は蔵と訳され、一切諸法を蔵する根元で、一切は阿頼耶識から縁起したものとする万法唯識を説き、唯心論的である。輪廻転生の主体をなすものともされる。これが真識か妄識かとの対立があるが、転識得智といい、この識を転ずることによってさとりに到るとする。その智に⑴第八識を転じて得る大円鏡智、⑵第七識を転じて得る平等性智⑶有漏の前六識を転じて得る成所作智がある。転識得智する認識作用を相分、見分、自証分、証自証分の四種に分類する。⑴相として心に縁じられる相分⑵相分を照らす作用の見分⑶自は見分、証は証知の意であり、見分の作用を証知する自証分、⑷自証分の作用をさらに証知する証自証分の四種であり、主観客観をこえてすべてを心の上に縁として現われるものとし、すべて心の所現とする。凡夫は実我実法の妄見をおこすので、それを破すため三性三無性が説かれる。

三性は⑴因縁所生の法を妄分別によって実我実法とみる遍計所執性、⑵心外の存在ではないが諸縁によって生起した仮りの存在とみる依他起性⑶諸法に遍満する真如は虚妄でないという円成実性の三である。三性は有の面から説き、無の面から説くのが三無性で、相無性、生無性、勝義無性で、有、無に偏らず非有非無の中道が諸法の実相であるとみることをいう。この中道の理をさとらしめるために五重唯識観がある。これは法相唯識では一切諸法はすべて識の転変したものであると観察するが、その観法を浅深次第によって段階的に五重に分けている。(1)遣虚存実識(2)捨濫留純識(3)摂末帰本識(4)隠劣顕勝識(5)遣相証性識であり、この五重は三性に悟入する次第をいうので、三性観と別のものではない。

法相唯識では五性各別という人性差別を説き、悉皆成仏を説かない特色がある。(1)声聞の性に定まり阿羅漢果を得る声聞定性、(2)縁覚(独覚)の性に定まり縁覚果(辟支仏果)を得る縁覚定性、(3)菩薩の性に定まり仏果を得る菩薩定性、(4)未だ前三のいずれかに定まっていない不定種性、(5)前三のいずれにも定まらない無性有情の五性で、菩薩の性に定まらなければ仏果は得られず、無性有情は何のさとりにも達しない。

法相宗では涅槃とさとりは区別され、涅槃は無為無漏で、さとりは有為無漏とされる。身土論は三身三土であり、自性身、受用身、変化身の三身であり、自性身の土は法性土、受用身の土は自受用身と他受用身があり、自受用身の自受用土は大円鏡智所変の身で実智身、他受用身の他受用土は十地の菩薩を導く平等性智より現われた浄身である。変化身の土は地前の菩薩、二乗、凡夫を化す成所作智より示現した化身で変化土である。

日本への伝幡には四伝あり、第一伝は道昭、第二伝は智通、智達、第三伝は智鳳、智雄、第四伝は玄昉の四伝である。以後第一と第二が合併して元興寺を中心とする南寺伝、第三と第四が合併して興福寺を中心とする北寺伝の二流に分かれる。以後、行基、義渕、善珠、護命、明詮、仲算、真興、良遍等が活躍したが、鎌倉以後は振わなくなった。

法相宗における浄土思想は、法相宗は弥勒信仰を宗とし、弥陀の浄土については地論宗、摂論宗の提唱した別時意説を用いて批判する立場にある。しかしその中にあっても『西方要決』は中国の基によって著わされた書として日本で評価されて用いられている。善珠は秋篠寺にあって『無量寿経賛鈔』一巻、『無量寿経註字釈』一巻があったと伝えられている。善珠の弟子に昌海があり、『阿弥陀悔過』や『西方念仏集』の著作があったとされている。景戒の『日本霊異記』には浄土教に関する記述が随所に散見できる。後世、興福寺に生駒の良遍（一一九四―一二五二）が出て浄土教を宣揚するが、法然の後に出て活躍することになる。

(2) 即身頓証の教え

華厳宗

次に大乗教の仏乗に属する教えで、まず華厳宗は仏道修行の心を発した時がそのまま正覚をあらわすとする。華厳教学の大成者は中国の法蔵（六四三―七一二）である。仏の自内証をそのまま説いたとされる『華厳経』を所依とし、他の教えはすべて随機の教えであるとする。華厳宗では華厳五祖という、杜順、知儼、法蔵、澄観、宗密をたてる。教学の中心は法蔵の『華厳五教章』三巻、『華厳経探玄記』二十巻、『起信論義記』三巻等により形成される。

華厳宗は五教判により教えが位置づけられる。(1)『阿含経』などの小乗の経論の小乗教、(2)『解深密経』や『瑜伽論』等の大乗の浅い教えの大乗始教、(3)『勝鬘経』『大乗起信論』等の大乗の深い教えの大乗終教、(4)『楞伽経』『維摩経』等の頓にさとる教えの頓教、(5)『華厳経』の円満円融の教えの円教の五教に分類され、『華厳経』の円教を最勝とする。

華厳教学は、仏陀のさとった一真法界の境界は重重無尽円満無礙の法界縁起であり、この法界に(1)事法界、(2)理法界、(3)理事無礙法界、(4)事事無礙法界の四法界があるという。(1)事法界は万有が万別に縁起する相であり、(2)理法界は一切万有の理体であり、(3)理事無礙法界は現象差別の事と平等の理との関係が一々無自性であり、事と理が矛盾なく無礙であることをいう。(4)事事無礙法界は現象の事々が融通無礙の関係にあり、この法界は華厳一乗の深義である法界縁起をあらわすという。この法界縁起の特色をあらわすのが性起思想である。天台の性具思想に対する特色である。釈尊所説の縁起の相依相関を重々無尽、事々無礙の関係で説いたもので、縁起即性起、性起即縁起の特色をもつ。したがって実践においても教即観であり、教を学ぶことがそのまま観の実践になる。修行の階位についても、初発心時便成正覚であるから行位は認めないが、教導の立場から次第行布門と円融相摂門の二つがある。次第行布門は三乗の行位に即して、十住、十行、十回向、十地、妙覚の四十一位を立てる。円融相摂門では一位即一切位として行位の差を設けず、しかも行布即円融で一行即一切行、一切行即一行、一位即一切位、一切位即一位とし、断惑についても一断即一切断、一切断即一断、成仏も一成即一切成、一切成即一成の関係にある。

華厳宗の日本への伝来は、天平八年（七三六）に来朝した中国僧道璿によって伝えられたのが最初である。その後、良弁の願いにより天平十二年（七四〇）に審祥が『華厳経』を講じて日本の華厳宗の初祖とされ、良弁は第二祖とされた。その後、聖武天皇は仏教による国家統治をめざし政教一致の立場を東大寺の大仏建立によって打ち立てた。東大寺を総国分寺とし各地に国分寺を造営して、日本国を大仏の蓮華世界として治めた。一般民衆はそのもとに治められるのみで事実上は仏教と無縁の立場にあった。

華厳宗の浄土教は、その関係資料がほとんどない。『東域伝灯目録』によれば、智憬に『無量寿経宗要指事』一巻、『無量寿経指事私記』一巻があったとされるが現存しない。これは元暁の『無量寿経宗要』を注釈したのではないかと推測されている。智憬は新羅の人で、『正倉院文書』の天平十三年（七四一）十四年（七四二）の記事のみ伝えられ、伝記は不明である。華厳関係では浄土願生を求める僧はほとんどなく、後世、東大寺凝然（一二四〇—一三二一）が『浄土法門源流章』を著わして「大日本国浄教弘通次第」を述べるにとどまる。ここにも古くは三論の智光をあげ、法相宗では昌海をあげるのみであり、華厳の祖師には触れていない。

天台宗

次に天台宗は中国の小釈迦と尊称される智顗（五三八—五九七）によって大成された。智顗は釈尊一代の教えを五時八教に判釈し、すべての教えは『法華経』に統摂されるとし、『法華玄義』『法華文句』『摩訶止観』の天台三大部をはじめ数十部の書を著わし天台教学を宣揚した。五時八教の五時は釈尊一代の説法の時間的分類である。八教は化儀四教と化法四教で、化儀四教は釈尊一代の説法の形式的分類、化法四教は内容的分類である。五時は(1)華厳時、(2)鹿苑時、(3)方等時、(4)般若時、(5)法華涅槃時である。(1)華厳時は釈尊のさとりの内容を説かれた自内証の教えであり、(2)鹿苑時は小乗教、(3)方等時は諸大乗教、(4)般若時は大乗教に対する執れを除くための教え、(5)目的とする『法華経』が説かれたとする。『法華経』のあとに『涅槃経』が説かれるのは、捃拾教といい『法華経』所説の時に縁のなかったもののために、また『法華経』は平等に成仏させるが、扶律談常教といい、戒を護り真に仏法を求めなければ成り立たないとし法華一乗仏教を展開する。

天台教義は理論の教と実践の観の教観二門によって成り立っている。教は、三諦円融、三千円具であり、観は一心三観、一念三千である。三諦円融は天台教義の中心をなし、釈尊の四諦の法門から導き出されていて、苦諦と集諦の世間の真実（俗諦）と滅諦と道諦の出世間の真実（真諦）を受け、智顗独自の空仮中の三諦による諸法実相の原理を説明する。諸法は如実に存在するが、実体として存在しないという否定的な立場の空諦、しかし実体として存在しないが仮りの存在として肯定する仮諦、そして否定肯定の相対をこえるのが中諦である。この中諦は前の空諦や仮諦と異なるものではなく、空・仮・中の三諦は三即一、一即三、即空即仮即中であるのを三諦円融という。これを現象として具体的に三千の諸法として説明したのが三千円具である。

次に教観二門の観門（実践）は、三諦円融の理を実践的にとらえ、すべての煩悩を断ずるのが一心三観である。諸法に対する煩悩を断ずる空観、衆生を導くのを妨げる煩悩を断ずる仮観、偏った見かたに迷う煩悩を断ずる中観の三観によって如実知見する智慧を一心のうちに得るというのが一心三観である。これを現存在の側からの実践としてとらえたのが一念三千である。三千は、『華厳経』により迷悟の世界である六道四聖の十界があり、十界にまた十界ありとして百界となり、百界は『法華経』に説く十如を具え、それが『大智度論』の三世間にわたるので、三千となる。この三千の諸法がわが平生の心（介爾陰妄心）の一念のうちに具わるので一念三千という。

天台の実践の観は止観といい、一つの対象に集中して諸法実相の中道を正観することにある。一つの対象は『華厳経』の「心仏及衆生是三無差別」とあることから、仏は太だ高く衆生は太だ広くて凡夫が対象とするのは困難である。しかし心は自らの介爾陰妄心、すなわち平生の乱れているわが心を対象とするので容易であることから、天台では己心を対象とすることになり、止観は観心と受けとめられる。この観心を修するに当たって一心三観、一念三千の観を具体的に実践するのが『摩訶止観』所説の四種三昧である。四種三昧の(1)常坐三昧は『文殊般若経』による一行三昧であり、九十日の常坐の実践である。(2)常行三昧は『般舟三昧経』による仏立三昧であり、九十日間の常行の実践である。(3)半行半坐三昧は『方等陀羅尼経』や『法華経』による三七日の行道と坐法の実践で方等三昧、法華三昧ともいい、懺悔行が中心となる。(4)非行非坐三昧は随自意三昧、覚意三昧ともいい、前三者以外のすべての実践である。

止観の実践は、前方便の二十五方便と正観の十乗観法があり、二十五方便は止観を実践するに当たって心身や環境を整備することである。そして十乗観法があり、上品のものは諸法はすべて己心にありとする第一観不思議境をいきなり実践できるが、中下根の者はまず菩提心を発こすことから始められる。最終的に観不思議境を実践することになる。

修行の階位に二つがあり、①『法華経』『瓔珞経』による八位説と②円教独自の六即説である。①

八位説は五品弟子位、十信位、十住位、十行位、十回向位、十地位、等覚位、妙覚位である。十住の初住が不退転の位であり、初住までは凡位の菩薩の凡夫、初住以上が聖位の菩薩の聖人とされる。②六即位は理即、名字即、観行即、相似即、分証（真）即、究竟即であり、段階論と即論が一つとなっている。理即は仏教に関わらなくても理念として仏の位にあるとする。名字即は仏の教えに会って仏と知る位、観行即は仏の教えによって修行する位、相似即は修行によってさとりに似た位に入り、分証即は修行が進み部分的にさとる位であり、究竟即は完全なさとりの位である。八位説と六即説との関係は次のとおりである。

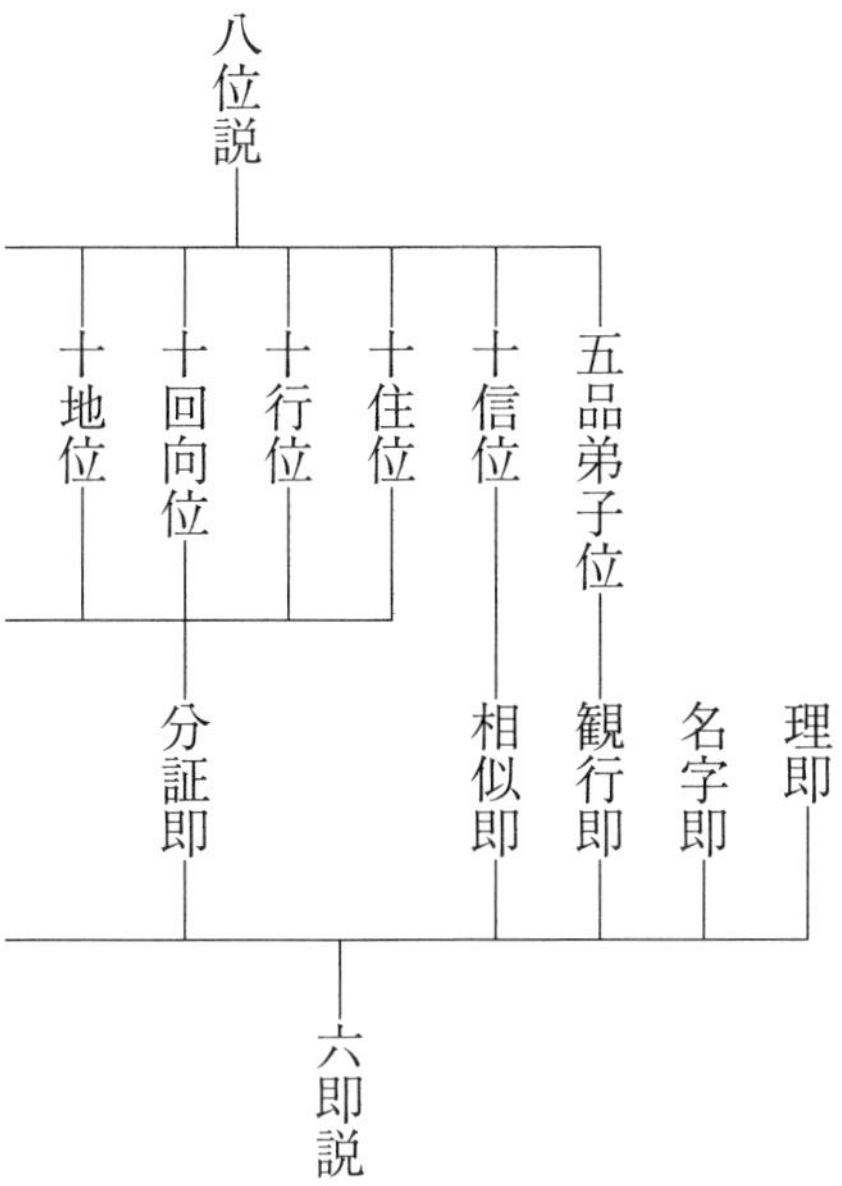

次に天台の身土論は三身四土で展開する。三身は法報応の三身であり、それぞれ二身がある。法身は理法身と智法身、報身は自受用身と他受用身、応身は勝応身と劣応身で、これが四土、すなわち常寂光土、実報無障礙土、方便有余土、凡聖同居土と対応する。

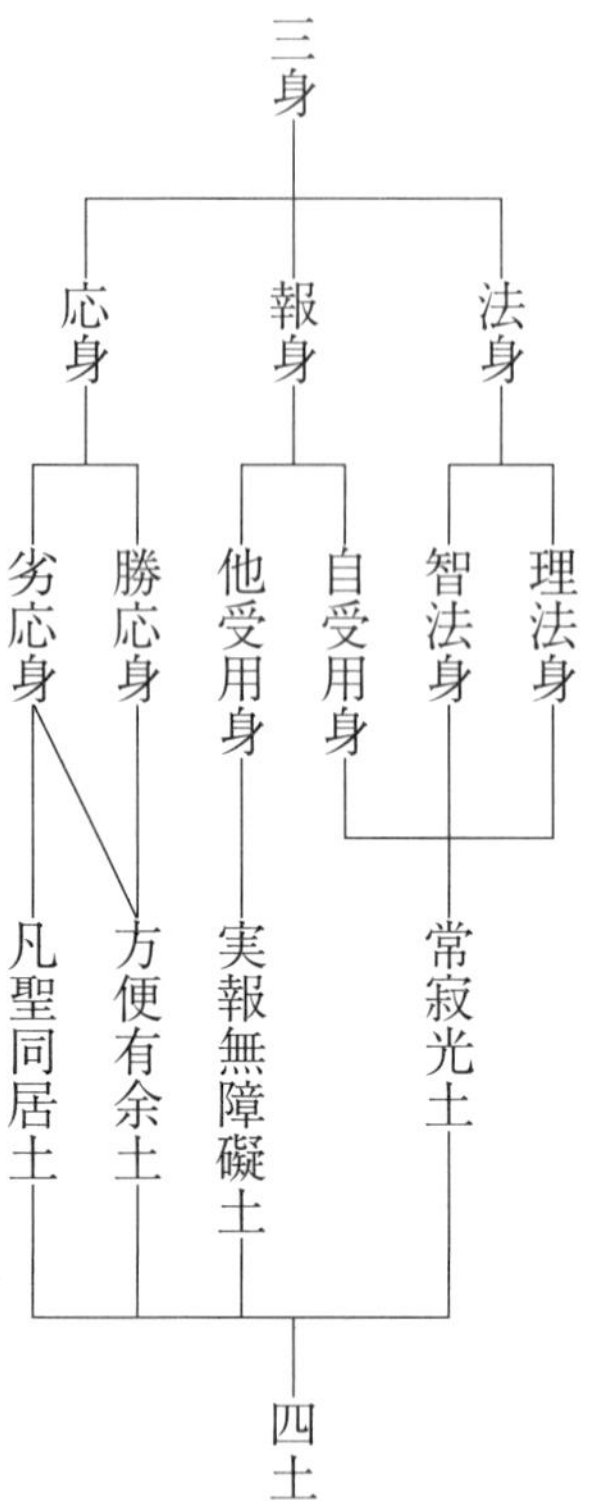

仏身は三身即一であり、仏土も四土に分類されるが、本来は一仏土であり、みる人の差によって分類されている。四土の中の凡聖同居土に穢土と浄土があり、穢土は娑婆世界、浄土は極楽世界である。阿弥陀仏の浄土はもっとも低い浄土に位置づけられる。

天台宗では戒法が重視され、最澄が大乗戒壇の設立に尽力し、『法華経』『梵網経』『瓔珞経』によって円頓戒が確立し、菩薩の修行者の重要な実践をなしていたが、次第に衰微していくことになる。

天台教学が日本に伝わったのは最澄や円仁等の入唐による。叡山では多くの名僧が輩出している。とくに浄土教は仏教界全体に大きく影響を及ぼした。叡山の浄土教は⑴初期伝承時代⑵念仏興行時代⑶新宗派生時代⑷戒浄双行時代に分けられる。⑴初期伝承時代は最澄、円仁によって伝えられた『摩訶止観』の常行三昧の念仏である。ただ円仁の常行三昧の念仏は五台山念仏の称える念仏がとり入れられている。⑵念仏興行時代は空也、良源、源信、覚運などが出た時代で、末法意識の発生のもとに念仏信仰が高まる時代である。⑶新宗派生時代は法然など新宗が成立する時代であり、⑷戒浄双行時代は真盛や妙立、霊空により戒を重視し念仏と双行することが求められた。

真言宗

次に真言宗は、宗として成立するのは空海が出て、顕密二教判、十住心判が確立されてからである。真言陀羅尼宗ともいい、大日如来の自内証の法門とされる。真言宗は『大日経』と『金剛頂経』とによって大日如来の理と智の世界が説かれる。仏教を顕教と密教に分け、顕劣密勝の立場を示す。大乗教の即身頓証の教えの一つとして、とくに即身成仏が強調される。即身成仏はこの身このまま此土において仏に成ることである。この即身成仏を理論的実践的に成立させるため体相用の三大が説かれる。体大は六大体大、相大は四曼荼羅、用大は三密加持である。六大体大は大日如来の本体をいい、地水火風空識の六大をもって体性とする大日如来を構成する要素である。四曼荼羅は大日如来を相として表現し、大曼荼羅は諸仏菩薩の像であり、三昧耶曼荼羅は刀剣、輪宝の器具などの持ち物であり、法曼荼羅は文字や名称をいい、羯磨曼荼羅は宇宙の一切の活動、威儀をいう。三密加持は宇宙の活動が仏の身密、宇宙の一切の音声が語密、宇宙の一切の精神活動が意密であり、これに衆生が印を結び真言を唱え、心を正念にすると仏の三業と衆生の三業とが一つとなり、入我我入、仏凡一体、生仏不二の境地に入ることになる。

真言宗の浄土教については、法然以前では仁和寺の済暹（一〇二五—一一一五）まではほとんど特筆すべき信仰者はいない。済暹の著作は謙順の『諸宗章疏録』によれば六十八部あることが知られる。その中、浄土教に関する著作は『観無量寿経中略要門答鈔』一巻、『十六相讃私記』一巻、『遊心法界念仏鈔』一巻、『念仏滅罪因縁略鈔』一巻、『観極楽遊心鈔』一巻、『阿弥陀大呪秘要決』一巻の六部が伝えられている。しかしいずれも現存しないので明確な浄土信仰は不明である。

済暹の後、覚鑁（一〇九五—一一四三）が出て高野山に学び百二十八遍に及ぶ著作を残している。この中、浄土教関係に『一期大要秘密集』『阿弥陀秘釈』『五輪九字明秘釈』がある。

次に覚鑁とほぼ同年代に実範（？—一一四四）がいる。実範は中ノ川に成身院を建立したが、凝然の『浄土法門源流章』に

有二中河実範大徳一。法相真言兼研二律蔵一並翫二浄教一。大施二章疏一流二行世間一[1]。

とあり、真言のみならず、法相、律、さらに浄土教を学んだと伝える。実範は晩年、光明山寺に移り、ここで入寂している。光明山寺は仁和寺の寛朝が東大寺の別所として建立した寺で、南都浄土教者の集まる所となっていた。実範の浄土教に関する著作は『病中修行記』『往生論五念門行式』『観無量寿経観念阿弥陀仏』『眉間白毫集』『臨終要文』があったとされ、叡山浄土教の影響をも受けていたと推測されている。このうち『病中修行記』が現存するのみである。ただ『往生論五念門行式』については、龍谷大学所蔵の長承四年（一一三五）に書写されたという仮題『念仏式』ではないかと推定されている。

禅宗

次に禅宗は、法相宗に対して法性宗ともいわれ、法然の当初ではまだ宗派として認められていないが、法然は『往生大要鈔』に達磨宗とか仏心宗と名づけている。後世の東大寺凝然（一二四〇―一三二一）は『八宗綱要』に

夫諸宗義理。冲邈難レ測。今滞二一毛一。以需二初心一。日本所伝。自レ昔已来。共許所レ翫。唯此八宗。然八宗外。禅宗及浄土教。盛而弘通[2]。

と述べ、倶舎、成実、律、法相、三論、天台、華厳、真言の八宗を宗派として認めているが禅と浄土

教は九宗、十宗として認めていない。けれどもその当時すでに禅と浄土教は「盛而弘通」として無視できない教えとしてとりあげている。禅宗について『八宗綱要』に

彼禅宗者。仏法玄底甚深微妙。本来無二一物一。本無二煩悩一。元是菩提達磨西来。不レ立二文字一。直指二人心一。見性成仏。不レ同二余乗森森万法相違法義。重重扣レ論。天竺二十八祖。以レ心伝レ心。彼第二十八祖達磨大師。梁世伝二之漢地一。乃至六祖次第相承。然五祖之下。南北二宗始分。六祖南宋末。漸分二五家一道璿律師承二北宗之禅一。伝二之日本一。伝教大師自二大唐国一。伝二於此宗一。名二仏心宗一。近来名徳。亦自二宋朝一而伝レ之矣。日本諸処盛以弘伝。[3]

とあり、中国にインドより達磨が伝え、日本へは最澄、道璿が伝えて仏心宗と呼んでいた。禅宗の教えは釈尊の説かれた経典による教内の教えではなく、心で伝える教外の教えとして教外別伝、以心伝心の教えとされる。したがってその教えは不立文字であり直指人心見性成仏にあるという。中国において五家に分かれ、日本へは栄西の臨済禅と道元の曹洞禅が伝えられる。臨済禅は禅によるさとりへの手段として看話禅として公案を用いるのに対し、曹洞禅は黙照禅であり只管打坐とし、坐禅の当体がさとりのすべてとして修証不二を説く。なお後世江戸期に来朝した隠元によって念仏禅が伝えられる。ただ法然や凝然の時代には栄西の臨済禅が行われていた。実践とする禅は生活すべてに及ぶが、とくに坐法はもっとも適当とされる。

禅宗の中の浄土教については、法然の当時に浄土信仰をもつものはほとんどいない。平安末期には公家の没落にともない密教の験力に期待できず、来世志向が強くなる一方で、鎌倉初期には武士が台頭し、仏教の中でも男性的で濶達な禅の教えが好まれ、武士の間に弘まった。

〔註〕
（1）『浄土宗全書』（以下『浄全』）一五・五九〇上
（2）『大日本仏教全書』（以下『日仏全』）三・三九上
（3）『日仏全』三・三九上

三、法然の求道

⑴　叡山における修学

諸宗が展開する中で法然がどのような求め方をしたのかについて次に検討する。

法然ほど伝記の多い祖師は他にないといわれる。しかしそれほど多い伝記に伝えられる事がらの史実性を追究すると、特に若い時代、開宗するまでのことについての歴史的事実性は明確ではない。ところがそのような史実性が特に解明されなければならないこともないであろうといえるかもしれない。特にそのような史実がどうであれ、法然の浄土教は歴然として輝いているのであるから、ことさらにほり起こす必要がないといわれるかもしれない。しかし真に法然の求道の歴程、また法然の見い出した浄土教を究明するには特にこの時期の法然を知らねばならないであろう。それをさぐることによって、一層法然が浄土教へと傾倒し大成していく過程を解明することができるものと信じるからである。

あと数年で法然の開宗八五〇年を迎え、この事実をどのように受けとめるかは法流を汲むものにとって課題となることであろう。またこのことは、このことを契機として法然の教学をどのように受けとめるかという課題にたちむかうことになる。この課題に取り組むためには、この時期における法然の足跡の歴史的考察が必要となってくる。とくに法然の黒谷在住時代にあって、法然のこの地での求道の真実に接することによって、法然が開宗する意義について考えてみたい。浄土開宗に至るまでには種々の苦悩が法然の中にうずまいていたであろう。そのような開宗に至るまでの法然の求道の事実について考察してみたいと思う。

一

法然の黒谷における求道生活を知るには種々の角度からの追究が必要となるであろう。すなわち法然が黒谷へ移住したのはいつごろであるのか、なぜ移住したのかという移住の理由について、また黒谷へ移住して何を学んだのか、さらに黒谷には何年間在住したのか、そのほか種々の多くの諸問題について解明されなければならない。資料的に寡聞であるが、これらを一つ一つ解明することによって、法然のこの期における求道精神や、やがて浄土開宗する意義づけなどがいっそう立体的に明確になるものと思われる。

そこでまず法然が黒谷へ移住したのはいつごろであるか、この点についての論述からはじめてみたいと思うが、その前に法然を黒谷へ結びつけることができるか否か、何かそこに必然性があるのか、あるいは法然を黒谷に結びつけるのに無理はないのかについて検討を加えなければならない。法然の登叡についても十三歳説と十五歳説とがあって[1]、いまだに明確にならないものがあるが、いずれであったとしても持法(宝)房源光のもとへ行ったことは共通している。源光は西塔北谷の人であると伝えられており、法然伝の古い伝記の一つであるとみられている『源空聖人私日記』にも観覚得業からの手紙がおくられている記述がある[2]。

得業観覚状云

進上大聖文殊像一体　観覚

西塔北谷持法房禅下

とあって、源光は西塔北谷の僧であったことを伝えている。後ちに「源空」と命名される関係からいっても、西塔北谷の源光のもとにいったことは十分に考えられる。源光は歴史の上にあまり名を残さない人であり、かえってそれが法然の叡山での最初の師としての真実性を物語るものと思われる。しかし観覚がどうして叡山につれていったか、また観覚と源光の関係について、その他不明な点が多い。今後に課題を残しているが、いずれにしても持法房源光のもとへ行ったことは共通している。

源光のもとで天台教観をおさめることになったが、『法然上人伝絵詞』(『琳阿本』)によれば、「一文をさつくるに十義をさとる」奇童に対して、源光は「われは是愚鈍の浅智也」として、肥後阿闍梨といわれた功徳院の皇円のもとにあずけられた。皇円は『扶桑略記』を残し、相生流をおこした皇覚の弟子として功徳院に住し名声が高かった人であり、「天台六十巻」を教授するにふさわしい学僧であった。皇円は皇覚の弟子であるから、恵心流の法門を受けている僧であることが知られる。皇覚は坂本の椙生に住し、恵心流の伝承を大成した東陽房忠尋の弟子として一派をなして椙生流を開き、また台密の谷流の祖としても知られており、当時その影響は全山に及んだといわれている。当時は口伝法門観心主義が流行している時代であり、西塔には恵心流、東塔には檀那流が伝えられたといわれる。恵心流の系統には忠尋が出て、大治三年（一一二八）に『漢光類聚鈔』四巻を著わし恵心流の伝承を集大成した。『漢光類聚鈔』には、中国および日本に伝えられた心要の歴史が述べられ、天台本覚思想が展開されている。恵心流の系統は、

恵心（源信）―覚超―勝範―長豪―忠尋
　忠尋 ―┬ 踰伽
　　　　├ 観照
　　　　├ 順耀
　　　　└ 皇覚 ―┬ 範源
　　　　　　　　└ 皇円

と次第し[3]、忠尋は西塔北谷にあって恵心流を中興したといわれ、門下の皇覚は忠尋の嫡流と目された。恵心流法門と法然との関係については後ちに述べたい。

皇円に従って「天台六十巻」を学んでいた法然は、十八歳になって突如として黒谷へ隠棲してしま

う。皇円の功徳院は東塔西谷にあったといわれているが、当時梶井系の僧は東塔においても勢力を有していたことでもあり、また皇円自身も西塔の恵心流の法門を伝えているので、皇円と黒谷とを結ぶ縁が考えられる。伝記によって西塔北谷の源光のもとから黒谷へ移住した記述のものもあるが、十八歳で黒谷へ移住したことはほとんどの諸伝記に伝えられるところであるから、また後世の叡空との関わりや求道の歴史からみてもほぼ事実として伝えるところのものであろう。法然が黒谷へ遁世した理由については諸説があるが、対立する勢力の中で青年僧の眼に映った僧侶の世界のありかたに疑問を懐いたことが遁世に結びついたと思われる(4)。

ところで黒谷という場所は、西塔に北谷・東谷・南谷・南尾・北尾の五谷があるなかの北谷の麓にあることが『山城名勝志』などの資料によって指摘されている(5)。『今昔物語集』にも「西塔の北谷の下に黒谷という別所あり(6)」とあることからいえば、間違いのないところであろう。ということであれば、西塔北谷の持法房源光のもとにいた法然が黒谷に行くことは、地理的にごく自然のことであり無理はないようである。『平家物語』にも「黒谷の法然房と申人なり(7)」とあり、『義経記』にも「元は黒谷に居られ候。この程は東山に法然房(8)」とあり、法然が黒谷に在住していたことはかなり知られていたようである。そして黒谷別所といっても、世俗とのつながりもあったようで、『源氏物語』の「手習」の巻には山へのぼる人なりとても、こなたの道には、通ふ人も、いと、たまさかなり。黒谷といふ方より、ありく法師の跡のみ、稀〳〵は見ゆるを、例の姿、見つけたるは、あいにく珍しきに、この、恨み侘びし中将なりけり。(9)

とあることからみれば、黒谷は京の町へ下りやすい場所にあったこともあって、世俗との交渉も容易になされた場所であることが知られる。法然もたびたび下山したことも十分予測できることである。また西塔北谷は当時梶井系の僧が支配していたといわれる。『天台座主記』には

権僧正寂雲（梨下正統加二預大原、梶井、円融房一） 治山六年(10)

とあり、叡空（?—一一七九）も梶井系の僧であったといわれているので、黒谷における叡空とのつながりもつく。(11)

そこで次に法然は黒谷へいつごろ移ったのであろうか。この点については『法然聖人絵』（『弘願本』）を除くほとんどの法然伝に久安六年（一一五〇）十八歳の時と伝えている。古い伝記といわれる『源空聖人私日記』（『私日記』）や『法然上人伝記』（『醍醐本』）そして『知恩講私記』などにも共通した記述がみられる。ただ『私日記』や『醍醐本』には十八歳の時になって遁世したとあるのみで、遁世した場所についての記述はない。しかし他の伝記の記述により、叡空との関係などを考えると黒谷であることのほうが自然であり、またその後の動向をみても黒谷でなければ矛盾がおきると思われる。

また年齢についても、各伝記共通にみられるのが十八歳であり、このことに疑問をさしはさむ資料もないので、諸伝記の記すところに従って十八歳の時としても何らさしつかえないであろう。

黒谷へ移住して法然が師事したのは多くの伝記には叡空と伝える。ところがそれは『琳阿本』以下の比較的新しい伝記の記述であって、古い伝記には叡空の名は出てこない。ただ『醍醐本』の別伝記に「黒谷慈眼房為レ師出家授戒」とあり、『本朝祖師伝記絵詞』（『四巻伝』）には「黒谷上人禅室に尋いたる[12]」となっている。ただ『醍醐本』の記述によれば、他の諸伝記が伝えるように出家授戒が十五歳であるとすれば、黒谷へ隠棲する前に叡空に師事したことになる。したがって続く「乞暇遁世」とは、叡空に暇を乞うたことになる。そうだとすれば黒谷での生活は叡空の下で過ごしたことにはならなくなり、他の伝記とは異なる。また『私日記』では西塔北谷の持法房源光の記事のあとになっているので、源光に暇を乞うたことになる。しかし『四巻伝』以下の新しい伝記によれば、源光は自ら愚鈍浅智であるとして功徳院の皇円阿闍梨のもとへ入窒せしめているので、これらの諸伝記によれば皇円に暇を乞うたことになる。皇円に法然は師事したかどうか。源光のように法然伝以外に後世の歴史に名をとどめない人物に師事したということはかえって信頼性があるが、皇円のように椙生流の皇覚のあとをうけ『扶桑略記』を残し功徳院にあって名声の高い人物に師事したとあっては、かえってその史実性を疑うことになる。しかしその後の叡空との結びつきなどを考えると皇円に師事したとするのはあながち作りごとではなくなる。『醍醐本』にも「我が師に肥後阿闍梨と云う人あり。智恵深遠の人なり。」とあり「肥後阿闍梨」はおそらく皇円のことであり、この法然の述懐のことばによっても皇円に師事したと考える方が自然である。すなわち西塔における恵心流の系統に属する人として結びつきが考えられるからである。中古天台は恵心・檀那両派に分かれて展開し、互いに恵心流は源信を、檀那流は覚運を祖と仰ぎ一家をなしている。源信と覚運自身には両派を展開するような異義はなかったようであり、観心念仏に帰し日本浄土教の淵源を為すものとして注目されるところである。西塔は恵心流が伝えられ、東塔には檀那流が口伝法門として伝えられたといわれる。[14] 口伝法門はもとは口伝えに法門の心要が伝えられたが、次第にこれが記述されるようになる。記述されていく歴史の上には記家の活動が注目されるところであろう。[15] 恵心流の系統に東陽房忠尋が出て『漢光類聚鈔』を著わして恵心流の伝承を集大成した。『漢光類聚鈔』には中国および日本に伝えられた心要の歴史がのべられ、天台本覚思想が展開されている。忠尋は西塔北谷にあって恵心流を中興したといわれる。門下に踰伽・観照・順耀・皇覚がある。このうち順耀は西塔の義を伝えたが皇覚が忠尋の嫡流と目されている。[16] 皇覚は坂本の椙生に住し一派をなしたので、これを椙生流といい、皇覚は椙生法橋ともいわれた。著書には『五時口決集』『一代心地鈔』『三十条口伝鈔』『一千七百箇条事書』『宗要定治辺物語』『本懐鈔』『新懐鈔』『灌頂随要記』などがある。[17] 源信作と伝えられている『枕雙紙』や『宗用集伝受口

決』も皇覚の著作といわれている。(18)

『日本大師先徳明匠記』には、勝範・長豪・忠尋・皇覚の恵心流の四流があげられ、その中の皇覚について

是れ東陽の御弟子なり。これを名づけて杉生流という。恵心の正流なり。サテ大上順耀法橋は西塔の義なり。サテ宝地房証真両流兼学アルニ、恵心流をもつて本となすなり。檀那流においては林泉坊、東西両塔に大略これあり。檀那の諸義、相分くると雖も、恵光房を亀鏡となす。恵心の衆義、泛多と雖も、椙生流を完骨となすなり。(19)

といっていることから、皇覚の法流が主流を占めていたことが知られる。皇覚の弟子に皇円があり、この皇円に法然は師事したのである。源光が自らを「われは是愚鈍の浅智也」として皇円に法然をあずけた心情が窺える。ただ源光と皇円を結びつけるものが何であるかについては解らない。

二

法然が黒谷へ移住することについては、当時の叡山の師弟関係などの点からみても、何ら矛盾がなく自然なことであることが知られた。そこで次に法然が黒谷へ移住したのはどのような理由によるものであるのかが問題となる。この点については諸伝記のほとんどが遁世のためであるという。なぜ遁

世しなければならなかったのであろうか。その動機について菊地氏は、梶井系にゆかりのあった法然は、当時の青蓮院の勢力におされ、梶井系の僧が活躍しにくい環境にあって、座主をめぐる教権の中枢からは遠い存在であったためであるといわれる[20]。また井上氏によれば、叡山は俗的勢力が強くなって世俗教団と化してきたことがあげられていて、また学問の秘伝・口授にあきたらず、中古天台が内心の要求にこたえるものでなかったからであろうと指摘されている[21]。また三田氏は九歳の時の定明の夜討事件を疑わしいものとして、十五歳の時に父母に別れて登山した後、父生前の離別のことばの適中した事件が起きて父が亡くなったことに対する人間的動向からであったといわれている[22]。『私日記』のほかの古い伝記には九歳の時の夜討事件に触れていないので確かに夜討事件については検討すべきであるが、資料のない故に何ともいいがたい。

法然の場合、下級武士出身の身で出世を願ってもかなうことがないからとするのは根拠不足なことであり、十八歳になってはじめてそのことを知ったとは思えず、また十八歳の若い学徒の考えることではないといえる。すなわち対立する勢力の中で若い青年僧の眼にうつった僧侶の世界のありかたに疑問を懐いたことが遁世につながったのではないだろうか。そうでなければそれ以後の二十数年もの間、真摯な求道生活は送れないであろう。登叡して十八歳で黒谷へ隠遁するまでの間に「天台六十巻」を読んだというのが、各伝記に共通して伝えるところであり、『四巻伝』では皇円から学んだとある。皇円（?—一一六九）は椙生流の祖皇覚に師事し、功徳院に住して学問の名声高く、日本仏教史料として有名な『扶桑略記』をまとめた人であり、「天台六十巻」を教授することのできた人であろう。「天台六十巻」は天台三大部のことであり、法然は黒谷隠棲までに、天台教学のもっとも中心となる天台三大部の学をおさめていたのである。

法然が黒谷に在住したのはどの位の期間であっただろうか。諸伝記の記述されるところで指摘できるように、四十二歳で下山するまでの二十余年間ということになる。この間に嵯峨釈迦堂における七日間の参籠やつづく南都方面の碩学を訪問することがあり、たびたび下山しており、求道期のもっとも重要な時期、思想形成の重要な時期を黒谷で過ごしていることになる(23)。

三

黒谷における二十余年の間に、名声をはなれ真の求道者として解行に励んだ法然は、この期間に何を学んだのであろうか。師事した叡空は梶井系の僧であり、また西塔北谷は恵心流の忠尋の住所であり、その流れは椙生流の皇覚そしてその弟子に受けつがれており、西塔北谷には源信和尚（九四二—一〇一七、以下源信）の流れを汲む恵心流が伝えられていた。師の叡空は『往生要集』の研究者としても有名であり、法然にはすでに黒谷に移った当初から『往生要集』の研究にとりくむ環境がつくられ

ていたことになる。東大寺の凝然は『浄土法門源流章』の中で

黒谷叡空大徳この集（往生要集）を伝持して浄業を成弁す。源空、叡空に随つてこの集を学び旨を得。(24)

と述べている。しかし皇円のもとで行なった天台三大部をはじめ、天台教学の本格的な学問は黒谷へ移住してからはやめてしまって『往生要集』の研究にとりくみ、まったく顧みなかったとも考えられない。文治六年（一一九〇）二月、法然五十八歳の時に東大寺で行なわれた三部経講説の中の『阿弥陀経釈』には

然るに予昔、叡峰に在つて、天台の余風を扇ぎ、玉泉の下流を挹み、三観六即において疑雲いまだ披けず、四教五時において迷闇いまだ暁けず、況んやまた異宗他門においてをや。(25)

とある。過去のことを語る数少ない法然のことばであるが、三観六即や四教五時など、天台教学の勉学に励んだけれども充分なる開けができなかったという。これは単に頭の中だけの理論的な理解をいっているのではないと思われる。これほどのことばが五十八歳の当時に出されるということは、少し学問した程度のことではないことを示すものであろう。してみると、十八歳で黒谷へ隠棲した時に、すでにこの『阿弥陀経釈』にみられるような境界に達していたとは思われないのである。法然がいかに智慧にすぐれていたとはいえ、また皇円のもとで学んだ時「闍梨この児の器量抜群にて天下の法燈

たるべき事を悦て殊愛翫す。奇童おしへをうけてしるところ日々におほし[26]」であったとしても、天台教観を学びつくしてなお学び足りないという境界に至るには若すぎる。おそらく黒谷に移住してからも天台教観を修めていたであろう。もっとも『醍醐本』には

これに依つて談義を三所に始む。謂わく、玄義一所、文句一所、止観一所なり。毎日に三所に通いて、これに依つて三ケ年六十巻に亘り畢んぬ。[27]

と「別伝記」の方にあって、天台教観をひととおり学んだようであるが、それにしても五十八歳の年齢をもって「疑雲いまだ披けず」とか「迷闇いまだ暁けず」と述懐せしめるほどの学問をして、黒谷に移住してからは『往生要集』のみを研究していたとは思えない。学問の方法や先達はかわったであろうが、なお天台教観の研究は続けられたであろう。いな天台教観を学ぶために天台関係の文献ばかりを読んでいたのではなく、広く仏教を学んでいたであろう。それを物語ることばが「黒谷の経蔵に籠つて一切経を披見す[28]」とあるものであるし、また『一念義停止起請文』にも「抑も貧道、山修山学の昔より五十年の間、広く諸宗章疏を披閲して、叡岳になき所の者はこれを他門に尋ねて必ず一見を遂ぐ。[29]」とある。『醍醐本』の「別伝記」には一切経披見に続くところに「師と問答す」とあるので、皇円を中心に学んできた天台三大部の学問を広く一切経の上から見なおし、叡空と問答したと思われる。それは叡空自身が「遁世の人も無知なるは悪く候うなり[30]」といったことにも依るであろうし、法

然自身も学問することを願っていたであろう。

法然をして天台三大部を中心にした天台教観の研究に向けさせ、一切経を披覧することに至らしめたのは、同時代の先輩である宝地房証真法印（以下証真）の影響が強かったのではないか。証真と黒谷を結びつけるのは、証真は叡空から菩薩戒を授かっていることである。浄土宗第二祖の聖光房弁長上人（以下聖光）の『念仏名義集』には

本山ニ人人多ケレトモ年来ノ間、契リ有人ハ証真宝地房法印也。彼法印ハ故黒谷慈眼房叡空上人ノ菩薩戒ノ弟子也。我黒谷上人御房ノ弟子ニテ有リ。[31]

とある。聖光は法然に帰す前に師事していたのは証真であり、証真は応保二年（一一六二）法然二十九歳の時には『大智度論略抄』を著わし、永万年中（一一六五―一一六六）に至って三大部私記を創草している。証真を中心として三大部の研究が盛んになってきていた。

証真については佐藤哲英氏を中心とする「宝地房証真の共同研究」[32]で研究が進められている。それによると証真の伝記についてはまとまったものがなく、諸書に散見する程度で生没年時も明らかではない。「宝地房証真の共同研究」では生誕を大治四年（一一二九）とし、晩年は『天台座主記』の資料により、建保二年（一二一四）の生存が確認されていて、没年はそれからあまり遠くないと考えられている。ところが最近の指摘によると、[33]光宗の『渓嵐拾葉集』の「円宗記」には

二十八日　承元二・六　証真法印八十五

とあって、承元二年（一二〇八）六月二十八日に八十五歳で入寂したことになる。[34]したがって逆算すると生誕は天治元年（一一二四）になり、法然より九年先輩となる。ただ青蓮院本『天台座主記』によると、建暦三年（一二一三）八月五日の状に、座主に従って院の御所に参内しているし、[35]また翌建保二年（一二一四）六月九日の状には、座主慈円に従い六月会勅使の謝表奉呈のため、上皇の御所にうかがっている。[36]これらの記事をどう解釈すればよいか。証真の生没年時についてはなお検討の余地があるであろう。

証真にはたいへん多くの著作が伝えられている。三十八部の著作があるが、内容も多岐にわたっていて、博学を窺い知ることができる。[37]このように学問の山である叡山を学山としていっそう盛んにするために慈円は証真のすすめにより、無動寺大乗院に先達四十人と講衆六十人とをあつめて勧学講を始修し、『浄名疏』や『涅槃経疏』を講ぜしめたのは建久六年（一一九五）法然六十三歳の時であったけれども、[38]証真はすでに三大部私記を書きはじめているのであって、三大部研究の一端を知ることができる。

四

ところがまた、黒谷というところは前述のように恵心流の法門が受け継がれていたところでもあり、源信の研究、とくに『往生要集』の研究が行なわれていた。叡空も『往生要集』を研究していたといわれ、熱心な念仏者であった。黒谷は『阿弥陀新十疑』を著した禅瑜（九一三—九九〇）がいたところでもあり、念仏の行なわれたところであった[39]。源信の『往生要集』以前につくられた文献によって浄土念仏の信仰がすでに黒谷に行なわれていたことが知られる。黒谷は早くから念仏信仰の行なわれていたところである。『往生要集』の念仏信仰と同じような立場を示すものに二十五三昧の行法があり、源信によって始められた。先学によりすでに指摘されているように『保元物語』によれば西塔北谷の黒谷は「二十五三昧行う所」といわれている[40]。法然もおそらく二十五三昧を修していたのではあるまいか。『法然上人行状絵図』巻四十三には

嵯峨の二尊院は、上人草庵をむすびてかよひ給し地なり。その跡をかうばしくして居をこゝにしめ、寺院を興隆し、楞厳雲林両院の法則をうつして、廿五三昧を勤行し、上人の墳墓をたてゝ、もはらかの遺徳をぞ恋慕し給ける[41]。

とあって、法然の遺徳を二十五三昧を修することによってしのんだという。二尊院でのことであり、

ここで湛斅は二十五三昧を行なっている因縁があって、二十五三昧の行法が伝えられていたということによって行なわれたのであろう。しかし法然にまったくそういう因縁がなかったとは思われず、法然に帰依した九条兼実もたびたび二十五三昧を勤行している。『玉葉』によれば、寿永二年（一一八三）八月十五日、同年九月十五日、同三年三月十五日、文治四年（一一八八）二月十八日などの日付に二十五三昧を勤めたことが記されている。(42) 法然と兼実を結びつける初見は文治五年（一一八九）であり、授戒の師として兼実が請じたことから始まる。(43) これら二十五三昧関係は資料の上では黒谷在住よりあとになるけれども、二十五三昧が盛んに行なわれていた影響の顕われであろうし、法然の影響も多分にあったのではなかろうか。

二十五三昧を行なうところとして黒谷の存在がいわれていたのは、また恵心流の法門が伝えられていたことにも関係があるであろう。檀那流が「思議境の文を見て直ちに不思議の一念に達する利根のものに就いていうから揀用別なし」とするのに対し、恵心流は「末代鈍根のものに就いていうから、鈍根のものは一句を聞いて直ちに仏乗を弁ずることは出来ない故、先づ揀境してそれから用観する順序を取らねばならぬ」とする特色があるといわれる。(44) 恵心流には源信以来、末代鈍根のものを対象として仏道が展開されてくるので、法然の当時にも当然そのような学風のあったことが想像できる。

恵心流の中興といわれる東陽房忠尋は西塔北谷の人で、前述のように上来口伝により法門が伝えられていたものをまとめて『漢光類聚鈔』四巻として大治三年(一一二八)七月に大成しており、不明であった相伝の関係を知ることができるようになった。門下に皇覚が出たが、その影響は全山に及んだといわれる。皇覚は東谷の無動寺にあって一流をたてたので、忠尋のいた西塔の学者とはうまくいかなかったといわれる。(45)忠尋の門にあって椙生流を開いたが、恵心流は

忠尋━皇覚━範源━俊範━静明━政海

と次第し、静明は行泉房流を、政海は土御門門跡流を、そして檀那一流をも承けた証真は宝地房流をそれぞれ開き、恵心の四流を形成する。(46)証真は法然とほぼ同時代の人であるが、証真と法然とは互いに立場を異にしたにもかかわらず、両者は互いのことについては何も言っていない。証真は山に残って慈円に勧めて勧学講を開いて天台教学のたてなおしをはかったが、法然は山を出て新宗派を開いた。ところが互いのことについては一言もいわないのは同じ恵心系の立場にあったことも原因しているのかもしれない。(47)証真は恵心・檀那の両流をうけて恵心系の宝地房流を開いて、口伝法門を批判しながらこれを継承した。『三大部私記』にみられるように徹底した文献主義に立って、当時の観心中心主義の中にあって一流の学風を開いたが、口伝的な法門をうけついでいった人である。これに対して法然は、このように師匠が恵心流の立場にある人であり、西塔北谷も恵心流の法流が伝えられていたので、恵心流の立場をうけついだにちがいないが、後世の法然教学には、恵心流の立場が明確にみられ

ない。法然は観心を中心とする当時の恵心流法門に対する反撥をもっていたのではなかろうか。しかし『醍醐本』に自ら述懐して『往生要集』によって浄土の法門に入ったというのは、おそらく恵心流の研究のなされていたこの黒谷においてであることはまず間違いのないところであろう。

五

西塔北谷にあった黒谷の地では忠尋以来の恵心流の法門が伝えられ、恵心源信への志向が自然になされるような状況下におかれていた。黒谷では当時叡空が『往生要集』の講義を行なっており、法然は叡空について『往生要集』の勉学につとめたであろう。『醍醐本』にみられる「往生要集を先達として浄土門に入るなり[48]」というのはその時の状況を伝えるものであろう。法然には『往生要集』に関する著作が数部残っている。法然は当時西塔北谷に伝えられていた恵心流の観心主義的な法門にはあまり賛意は示さなかったようであり、法然教学には恵心流法門の影響が少ないようである。すなわち法然は西塔北谷に伝えられていた恵心流の法門により、源信の浄土教への道がつけられ、しかも恵心流の観心主義的な法門に依らずに、源信そのものの研究にうちこんだ。恵心流を学んだとすれば、恵心流の祖として尊敬されている恵心僧都源信へ直接に関心が向けられるのはまた当然のこととして考えられる。同時代の先輩である証真もまた恵心・檀那の両流をうけて宝地房流をとなえながら、『三大部私記』を残すなど、そこにみられる態度は厳密な文献主義の立場に立つ。口伝法門は観心主義的であるのに、証真は教相主義の立場から祖師に帰ろうとする志向をみることができる。『法華疏私記』には

荊渓以前を聖師と称し、荊渓以後を呼んで諸師と名づく。しかして諸師の解釈たがいに得失あるが故に、その用捨は情に任ずべし。(49)

といっており、荊渓湛然以前の天台教学にもどそうとする意図をみることができる。法然の場合も恵心流に伝えられる末代鈍根の機を対象にした仏道が展開されてくることを受けながらも、当時の恵心流法門にはほとんど依らないで、恵心源信そのものへ帰って、源信の浄土教を如実に示した『往生要集』の研究に没頭したのである。黒谷で行なわれていた二十五三昧にも参加し、いっそう源信に対する関心も向いていたであろう。法然をして「往生要集を先達となして浄土門に入るなり」といわしめたのもこの時のことであろう。各伝記も四十三歳の浄土開宗前の記事としてのせている。

法然に至るまでの『往生要集』の研究は、『往生要集』が国内外でもてはやされ諸註釈も多く著わされたにもかかわらず、あまり本格的になされたものは少なく、現存するものも極めて少ない。教義的に正面から取り組んだのは法然が最初であるといってよい。法然以前の『往生要集』に関する諸註釈を長西の『浄土依憑経論章疏目録』によってあげると

往生要集裏書　一巻　真源
往生要集依憑記　三巻　真源
往生要集修念仏作法　一巻　昌誉
往生要集勘文　六巻　平基親
往生要集外典鈔　一巻　平基親
往生要集疑問　一巻　澄憲
往生要集科文　三巻　称名庵

などがある。[50]『往生要集』について広・略・要の三義の面からその正意を明らかにし、称名念仏にしぼってくるのはまったく法然以前の人にはなく、法然独自の功に帰さねばならない。

〔註〕

（1）登叡については『源空聖人私日記』『本朝祖師伝記絵詞』『法然聖人絵』などには十三歳とあり、『法然上人伝記』（『醍醐本』）、『法然上人伝記』（『九巻伝』）、『法然上人行状絵図』（『四十八巻伝』）などは十五歳となっている。
（2）井川定慶編『法然上人伝全集』（『法伝全』）七六九上。
（3）『日仏全』一一一
（4）菊地勇次郎稿「黒谷別所と法然」（『日本仏教』二）参照。以下同氏の論稿に負うところ大なるものがある。黒谷隠棲の理由について諸説がある。菊地勇次郎氏は、梶井系にゆかりのあった法然は、当時の青蓮院の勢力におされ、梶井系の僧が活躍しにくい環境にあって、座主をめぐる教権の中枢からは遠い存在であったためとされ、井上光貞氏は、叡山は俗的勢力が強くなって世俗教団と化し、また学問の秘伝・口授にあきたらず、中古天台が内心の要求にこたえるものでなかったからといわれ（『日本浄土教成立史の研究』三〇七）、三田全信氏は九歳の時の定明の夜討事件を疑わしいものとして、十五歳の時に父母に別れて登山した後、父生前の離別のことばの適中した事件が起きて父が亡くなったことに対する人間的動向からであるとされ（『法然上人諸伝の研究』一一三）ている。拙稿「黒谷における法然上人」（『浄土宗学研究』一二）参照。

（5）『日本大師先徳明匠記』には「三塔十六谷」を述べて

東塔（南谷・東谷・北谷・西谷・無動寺谷）

西塔（北谷・東谷・南谷・南尾・北尾）

横川（糀尾・戒心・般若・解脱・都率・飯室）

とある（『続々群書類聚』一二・二七六）。

（6）岩波『日本古典文学大系』二四・二四五。

（7）同右　三三・二五四。

（8）同右　三七・二六四。

（9）同右　一八・三九八。

（10）渋谷慈鎧編『天台座主記』（『座主記』）九二。

（11）菊地氏前掲論文参照。

（12）『法伝全』七八七、四七二。

（13）同右　七七五上。

（14）上杉文秀著『日本天台史』。

（15）日本天台は円密禅戒の四宗のほか、後世、浄土教・声明・記録・山王一実神道などの諸宗が加わる。

（16）『日本大師先徳明匠記』（『続々群書類聚』一二・二七八上）参照。

（17）山口光円監修『日本天台宗典目録』による。渋谷亮泰編『昭和現存天台書籍綜合目録』にはこのほか皇覚以来の伝授を述べたという『恵心流』を記載している。

(18) 硲慈弘著『日本仏教の開展とその基調』参照。

(19) 『続々群書類聚』一二・二七七下。

(20) 菊地氏前掲論文参照。

(21) 井上光貞著『日本浄土教成立史の研究』三〇七。

(22) 三田全信著『法然上人諸伝の研究』一一三。

(23) 拙稿「法然上人の南都遊学」（知恩院浄土宗学研究所編『法然仏教の研究』所収）参照。

(24) 『大正新修大蔵経』（『大正』）八四・一九六中。

(25) 『昭法全』一四六。

(26) 『琳阿本』（『法伝全』五四八）。

(27) 『法伝全』七八七下。

(28) 『法伝全』七八七下。「報恩蔵」という名称がいつごろから使われているのか不明であるが、『聖覚法印は示されける御詞』には「歎ながら如来の教法を習、悲ながら人師の解釈を学、黒谷の報恩蔵に入て、一切経を披見すること既に五遍に及ぬ。」（『法伝全』七三三）とある。

(29) 『昭法全』八〇二―八〇三。

(30) 『法伝全』七八七。

(31) 『浄土宗全書』一〇・三七四上。

(32) 『印度学仏教学研究』十八の二、十九の二参照。

(33) 最近の窪田哲正氏の指摘による。

(34) 『大正』七六・八七二下。

(35) 『座主記』一五三。「同日座主並前権僧正実全法印円能、証真、豪円、尊長、権大僧都忠快、承信、聖覚、明禅、少僧都実昌、明昌、長愉、公暁、院主権律師貞覚等依レ召参二院御所一。」とある。

(36)『座主記』一六一。
「法印権大僧都証真、円能、豪円、権大僧都明昌、権律師俊範並三綱修理権別当法橋永慶、仁全、権上座法橋定全、勾当雲暁、什賀等各昇㆓捧賀表状㆒参㆓列上皇御所㆒」とある。

(37)佐藤哲英氏の前掲論文には三十七部の著作が列挙されているが、後ち『観無量寿経』の註釈があることがわかってきたので三十八部を数えることができる。長西の『浄土依憑経論章疏目録』には、『観無量寿経疏私記』一巻のあったことが伝えられている（『日仏全』一・三四二上）。

(38)『座主記』一二一。

(39)長西の『浄土依憑経論章疏目録』によれば、
新十疑論　一巻　禅愉　山門黒谷
とある。ただ別本には「山門黒谷」の四文字はないという。

(40)菊地氏前掲論文参照。

(41)『法伝全』一七三。

(42)寿永二年八月十五日、同年九月十五日は巻三十八、同三年三月十五日は巻四十、文治四年二月十八日は巻五十三にそれぞれ記されている。

(43)『玉葉』巻五十五の文治五年八月一日の条には「今日請㆓法然房之聖人㆒談㆓法文語及往生業㆒」とあり、また同八月八日の条には「法然聖人来授戒其後始㆓念仏㆒」とある。

(44)上杉文秀著『日本天台史』四二二。

(45)同右　四三八。

(46)椙生流皇覚の書と伝えられる『枕雙紙』に恵心流血脈を記している。（『日仏全』三二・一二五上）
相伝継図之事　釈皇覚示之
恵心―覚超―（都率先徳）勝範―（西塔ノ蓮華坊）長豪―（中島院主）忠尋―皇覚―（杉生坊法橋）範源―俊範―（坂本）静明―（粟田口）俊算―雲恵―雲承
―（西塔西方院）良憲―（東塔北谷慈護坊）叡憲―（同処教王坊）覚源

(47)拙稿「法然上人と証真法師」（『仏教論叢』一九）参照。

(48)『法伝全』七七四上。
(49)『日仏全』一二一・三八三上。
(50)このほか法然の前後頃には、良忠の『往生要集義記』によれば、明禅に『答語』、石泉院覚什に『覚什鈔』、良快に『良快鈔』のあったことが伝えられ、また明遍にも註疏のあったことが知られる。(佐藤哲英著『叡山浄土教の研究』参照)

(2) 南都遊学

一

法然が南都を事実訪れたであろうか。もし訪れたとすれば、それはどのような目的をもってのことであっただろうか。大蔵経を幾度か読んだことであろうが、それにもかかわらず、叡山での求道の生活では満足することができなく、山を下りたのは何故であろうか。法を求めてのことであったのだろうか。人を求めてのことであったのだろうか、あるいはまた、新資料を求めてのことであったのだろうか。このような疑問を一つ一つ解決していくことはたいへん困難なことではあるが、しかし法然の求道の歴程をみる上には、どうしても解決しておかねばならない問題であろう。このような歴程を経ることが、後ちに法然が念仏の道を大成することに大いなる意味あいをもっているからである。

そこでまず、法然が南都へ実際に遊学したかどうかについて、法然自身、その著作の中に語っているところはない。法然の著作は教学面、念仏信仰について語ることに終始しており、歴史的材料を見い出すことは少ない。だから法然は自身の過去のことについて著作の上で語ることもほとんどないといってよい。したがって法然の著作の上で南都へ遊学したかどうかを直接に解決する材料はない。ということになると、法然の伝記に頼ることが次には考えられる。法然は各宗の祖師方の中でももっとも多い伝記を有する祖師であり、それだけに、その伝記内容も個々により出入りがあって、いずれの伝記によるかということが問題となってくる。今、「法然上人伝研究会」によって編集された『法然上人伝の成立史的研究』に整理されている伝記によって、南都遊学のところの対照表を作成してみると次のようである。

四十八巻伝（法然上人行状絵図）	保元元年、二十四のとし、嵯峨清涼寺に七日参籠、求法の事祈願のため	清涼寺の参籠七日満じ南都へ
私日記（源空聖人私日記）		
醍醐本（法然上人伝記）		
四巻伝（本朝祖師伝記絵詞）	保元元年求法のため修行すとて先嵯峨に参籠	然る後、南都へ、
弘願本（法然聖人絵）		
琳阿本（法然上人伝絵詞）	保元元年、二十四歳の春、求法のため、先嵯峨釈迦堂に七日参籠	嵯峨より南都へ
古徳伝（拾遺古徳伝）	保元元年、先嵯峨清涼寺に七日参籠求法のため修行	嵯峨より南都へ
九巻伝（法然上人伝記）	久寿三年、二十四歳春求法のため修行せんと、先嵯峨の釈迦堂に参籠	南都へ下って
十六門記（黒谷源空上人伝）		南都へ

法相宗の碩学蔵俊僧都	醍醐の三論宗、権律師寛雅、阿性房同道	仁和寺華厳宗名匠大納言法橋慶雅		中の川実範より鑑真和尚相伝の戒を受く
蔵俊僧都	醍醐寺三論宗の先達			
蔵俊僧都	醍醐の三論先達、阿性房同道	醍醐華厳宗の先達鏡賀法橋	智鏡房美作州より上洛	真言宗を中河少将阿闍梨より受く
贈僧正蔵順	大納言律師寛雅			中川少将に随て鑑真和尚の戒を受く
僧正蔵俊	大納言の法印寛雅	慶雅法橋		中河の少将上人にしたかふて鑑真和尚の戒をうく。
蔵俊僧都	醍醐寺三論宗の名匠法印寛雅	慶雅法橋		中川少将の上人にしたかひて鑑真和尚の戒をうけたまふ
蔵俊僧都	大納言法印寛雅	慶雅法橋		中川少将の上人にあひて鑑真和尚の戒をうく
贈僧正蔵俊僧都	大納言律師寛雅			

法然が南都の諸師をたずねて遊学したかどうかについて、伝記をもととして語る場合、まずその伝記の成立などについて検討しなければならない。今諸説によってこれをみると、『法然上人伝の成立史的研究』では『源空上人私日記』がもっとも古い成立とされる。また田村円澄氏は『法然上人伝の研究』の中で同じ意見を述べておられる。[1] それによると法然滅後四年にして成立したとされる。梶村昇氏によれば『法然聖人伝記』（醍醐本）が滅後まもなく勢観房源智によって書かれたものとされて

いる。[2] すなわち滅後二年までさかのぼり『私日記』より早い成立ではないかと指摘されている。いずれが古いかは別問題としても、滅後まもなく書かれたという古い伝記には前表のように南都の諸師と法談したことが伝えられている。また近来、東寺より発見された『知恩講私記』は法然の伝記のうち古いものとされる見方があるが、[3] ここにも

六宗の洪才を訪うに、面々に義理を探って諸家の奥旨を談じ一々許可を蒙る。世を挙げて智恵第一と称す。[4]

といって南都の碩徳に会ったことを伝えている。このようにいずれの古い伝記も法然と南都諸師との出会いを伝えているので、これをすなおに受けとるならば、法然は南都へ遊学したということになる。また良忠は『決答授手印疑問鈔』巻上に

本山に於て天台を学ぶの時、所詮は一心三観を以て出要の旨とす。大師の御本意分明なるの間、此に付て之を行ぜんと欲する処に、法は甚深なりと雖も、吾が機及び難し。仍て南都に至り遍く華厳三論法相の宗を学する処に、入門は異なりと雖も、寂静湛然の一理に心を係てこの妙理を顕すべしと云うなり。吾が機の及び難きこと只天台に同じ。[5]

とあり、南都に行ったことを認めている。また同書には

諸宗の長者に逢て一一あるいは印可を蒙り、あるいは智徳を歎ぜられるか。蔵俊は仏陀と号し、

寛雅は法蔵と付けたまう。(6)

といい、蔵俊と寛雅との二人を訪れたことになっている。しかし前掲の表の示すところをよくみると、『私日記』『醍醐本』という古い伝記の伝えるところは、南都の諸師と出会ったことは伝えているが、南都を歴訪したとは伝えていない。前表では両伝記以下のものは南都へ行ったとなっている。しかも、それらは二十四歳の時に嵯峨釈迦堂で参籠して後ち歴訪している。『私日記』『醍醐本』には釈迦堂参籠も南都へ行ったということも伝えていない。ここに何か一つの因縁があるのだろうか。

法然が南都を訪れたのは何歳の時であったであろうか。前表の『四巻伝』『琳阿本』『古徳伝』『九巻伝』等によれば、二十四歳の時に嵯峨釈迦堂に七日間の参籠をして南都へ趣いたことになっている。しかし、すでに三田全信氏が指摘されるように、『四巻伝』には二十四歳で嵯峨釈迦堂に七日間参籠して、「然る後」とあって必ずしも釈迦堂参籠の直後を意味しないということである。(7)嵯峨から南都へという事項が『私日記』『醍醐本』『弘願本』にはみられない。法然が南都を訪れたのは何歳であったのかを知ることのできる明確な資料はないが、嵯峨参籠と南都遊学とは同じ時ではないことは十分に考えられるし、また南都を訪れたとしても、南都諸師を一時に訪れたのではなく、諸伝記の記述は、作者が南都方面へ諸師を訪れたことを一括して伝えているということも考えられる。

二

黒谷在住時代に、法然はすでに『往生要集』の研究を相当進めていたが、在住の期間中に山をおりて諸学匠を訪ねている。後世の伝記には二十四歳の時に南都の諸師を歴訪したことになっている。これが史実であるかどうかは疑問であり、また南都へ求道の足を運んだかどうかも、さらに南都を訪れたとすればその目的は何かなども問題にしなければならないであろう(8)。

そこでまず、法然は南都へ趣いたかどうかを検討しなければならない。法然自身、その著作の中で語っているところは未だ見い出すには至っていない。それを諸伝記に求めても、新しい伝記には見られるが、『私日記』や『醍醐本』などにはその点に関する記述はない。『法然上人伝の成立史的研究』における諸伝記の時代順によれば、『四巻伝』に至って初めて記載される。しかし明確に南都ということばはないが、古い諸伝記には南都の僧を訪ねたことになっている。法相宗の蔵俊と醍醐三論宗の先達の二人は共通にみられる。また古い伝記といわれる『知恩講私記』(9)の「六宗洪才」を訪ねたことが事実であったとすれば、京都と南都との往来も盛んであったし、求道の情熱に燃えた法然を思えば、日本仏教の故郷でもある南都へ趣くことは十分に考えられることである。

ところで、比較的新しい伝記には、南都へ趣く前に嵯峨釈迦堂に七日間の参篭を行なっている記事がみえる。古い伝記類には伝えられていない。そこで法然が南郡を訪れたのは何歳の時であったのか。『四巻伝』以下の新しい伝記には二十四歳の時に、嵯峨釈迦堂の七日間の参籠の後ちに趣いたことになっている。『四巻伝』には釈迦堂へ参籠して「然る後」にとある。これは参籠の直後であるのかどうか判然としない(10)。さらに諸伝記によって訪問した僧の数が異なるし、それらの僧をただ一回の訪問で終えられたかどうかも問題となるところである。しかし諸伝記の記述はどの伝記も一括して伝えている。

法然が南都へ歴訪した諸師については諸伝記を総合すると、興福寺の蔵俊、醍醐三論宗の先達（寛雅）、醍醐（または仁和寺）華厳宗の景雅（鏡賀、慶雅）、中の川の少将（実範）の四人である。伝記による地名から判断すれば、中の川を南都の文化圏に入れても蔵俊と実範の二人となる。しかしたとえば景雅は東大寺に住したこともあり、別当となっていることからみれば、南都の僧としてみることにさしつかえはない。また南都系の諸宗の師としてとりあげられる。この四人のうち『私日記』には景雅と中の川少将の記述はなく、『四巻伝』には景雅の記述がない。『法然聖人絵』（『弘願本』）には四人の記述どころか、南都歴訪の記事すらもない。『弘願本』を除いて諸伝記に共通にあらわれるのが興福寺の蔵俊である。以下、諸伝記の記述に従って四人について触れてみよう。

蔵俊（一一〇四―一一八〇）は教明房といい、興福寺の学僧である。蔵俊の伝記は『元亨釈書』『本朝高僧伝』『興福寺別当次第』等によって知られる。これらの資料によれば、覚晴・覚超の二師に法相を学び、また諸師の門に遊んだという。そして久寿二年（一一五五）五十二歳の時に竪義となり、仁安二年（一一六七）六十四歳の時、維摩大会に登り、後ち菩提院に住し、法相宗を弘通した。菩提院は撲揚大師玄昉の住した旧跡である。(11) 翌三年六十五歳で維摩大会講師となり、承安二年（一一七二）六十九歳になって法橋に叙せられている。安元元年（一一七五）七十二歳の時、食堂十僧の労により、弟子の恵範を法橋に補し、翌年には公慶・覚海等を権律師に進め、玄縁法印の譲により探題の旨を蒙る。また安元年中には、高倉天皇の詔により、法相宗に関する章疏の目録『注進法相宗章疏』一巻を製して呈進している。安元三年（一一七七）七十五歳の時、元興寺の別当に補せられ、翌治承二年（一一七八）に権少僧都となり、また同三年には興福寺の権別当となり、ついで別当となるなど栄進ぶりを示したが、同四年七十七歳で入寂した。法弟には七人あり、覚憲・堯諶は高弟である。著作は『因明大疏抄』四十一巻、『因明疏広文集』三十八巻、『因明四種相違要文』三十五巻、『因明唯量鈔』二巻、『大乗法相宗名目』十六巻、『注進法相宗章疏』一巻、『有相自相』一巻、『法華玄賛文集』一巻、『法華玄賛第九抄』一帳など多数あり、また東大寺図書館蔵の『百法問答抄』（九巻存）も蔵俊作とみられている。また蔵俊は『深草史』によれば、浄土宗西山深草派の総本山誓願寺の第二十一世であり、このあと第二十二世中興開山として法然が続いている。(12)

次に寛雅は、諸伝記によれば醍醐あるいは醍醐寺三論宗の先達とされているが、他の記録には寡聞にして見い出していない。最初、寛雅は仁和寺のあたりに住していたようである。それがいつしか醍醐あたりに移ったのであろう。寛雅には、醍醐三諭宗の学僧で、大納言律師となった寛雅と権大納言正二位藤原雅俊の子で、法勝寺執行であった俊寛の父にあたる人であるという説がある。『円光大師行状絵図翼賛』巻四には

寛雅律師醍醐ニ住セラレシ事未ㇾ勘。盛衰記ニ仁和寺ノ律師寛雅ハ京極ノ大納言雅俊郷の子、法勝寺ノ執行俊寛僧都ノ父ナリ。平家物語ニ木寺ノ法印ト。木寺ハ仁和寺ノ辺ニ在シトソ。上人三論華厳二宗相承ノ師ナリ(13)。

とある。この二人の寛雅はきわめて時代が接近している。あるいは同じ人をいうのではないかとも考えられる。俊寛の父とすれば、俊寛は康治元年（一一四二）に生まれ、治承二年（一一七八）に没しているので、法然が訪ねる師の年令としては十二世紀中ごろの人であるから不思議はない。『尊卑分脈』によれば、

- 村上天皇
  - 具平親王
    - 顕秀
      - 雅実
      - 顕仲
      - 雅俊
        - 顕重
        - 顕俊
        - 顕親
        - 俊親
        - 憲俊
        - 顕定
        - 元海
        - 寛雅
        - 玄雅
        - 行顕
        - 暹覚
        - 行雅
        - 昌雲
      - 国信
      - 信雅
      - 顕雅
        - 雅長
        - 顕定
        - 信雅
        - 雅寛
        - 弁雅
        - 相顕
        - 顕智
        - 景雅
      - 雅隆
      - 雅兼
      - 相覚
      - 顕覚
      - 定海
      - 隆覚
      - 覚樹
      - 清覚
      - 覚雅

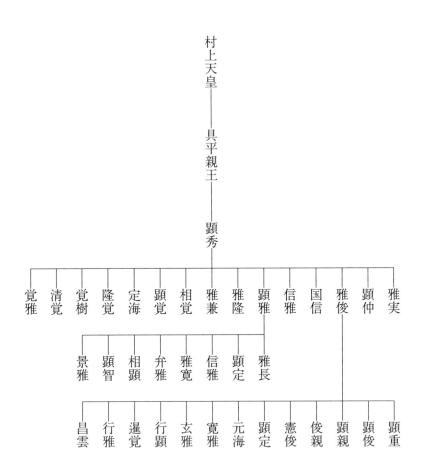

とあって、[14]これが間違いのないものとし、さらに顕雅の子の景雅が法然の歴訪した景雅と同一人物であるとすれば、二人は従兄弟となり、法然が二人を訪問する因果関係も出てくるのである。

ところが寛雅の生没年は不明であるが、兄の元海（一〇九三—一一五六）との関係からいえば、少なくとも、元海の生まれた寛治七年（一〇九三）よりも後ちになり、兄弟の多いことからいえば、元海の生年からあまりほど遠くない時に生まれたことになる。[15]一一〇〇年前後に生まれた人となり、年令的にはこの寛雅は法然とは三十余歳上の人となって、蔵俊の年令と大差はなく、法然が訪問する人として不思議なことはない。俊寛の父の寛雅が法然の訪問した人とすれば、寛雅は『平家物語』によれば「木寺の法印」と呼ばれていた。[16]木寺は『仁和寺諸院家記』にも記載されており、喜寺ともいい、仁和寺の付近にあった。[17]同書によれば、木寺の歴代は経範、源覚、覚誉となっており、『円光大師行状絵図翼賛』巻五十七に指摘されているように、木寺の歴代に名が見当らない。[18]「木寺の法印」といわれるのは『仁和寺諸師年譜』によれば、三川守経信の息で東大寺別当になった経範のことである。[19]しかし寛雅は、従兄の景雅が仁和寺付近に住していたから、木寺でなくても仁和寺付近に住していたことは想像できる。あるいは寛雅も「木寺の法印」と呼ばれていたかもしれない。法然の醍醐三論宗の先達と木寺の法印といわれる寛雅とは同一人物かどうかということについては依然として解らない。しかし景雅との姻戚関係があり、若い天台僧が会うことのできる因縁を考えてみると同一人物である可能性はうすい。

景雅（一一〇一―一一七四―）については、『本朝高僧伝』によって知ることができる。華厳を良覚に学び、名声をもって知られた。『円光大師行状絵図翼賛』巻四によれば、醍醐三論宗の寛雅に三論華厳二宗を相承されたという。[20]また同書の巻五十七には『一乗法眼記』という書により、鳴滝の華厳院に住したことを述べている。[21]華厳院は同書巻四に今の常楽院であるという。常楽院は現在も残っており、真言宗仁和寺派に属し、最近まで鳴滝にあったが、昭和四十九年四月に京郡西賀茂円峰町に移転した。常楽院では景雅を開山としており、現在もその位牌をまつっている。『仁和寺諸院家記』の華厳院の項目には最初に景雅法橋として記載されている。[22]景雅の弟子には栂尾の明恵上人高弁・聖詮・慶聖等があった。著作については東大寺図書館に『華厳論章』一巻が伝えられている。奥書によれば、文治五年（一一八九）四月三十一日に東大寺において書写されたとあり、続いて「作者仁和寺大納言法橋景雅也」とある。この書きかたは景雅自身の筆ではなく、後人による景雅の著作の書写であることを示すとみられるから、おそらく景雅は文治五年ごろには入寂しているか、東大寺から仁和寺近くに移っているであろう。生誕年時は後ちに示すように康和三年（一一〇一）であって、文治五年は景雅八十九歳である。果して生存していたかどうか疑問である。また同図書館には景雅書写の杜順の『華厳五教止観』が残っている。奥書によれば、承安四年（一一七四）正月十四日景雅七十四歳の時に書写されたことになっている。

承安四年甲午正月十四日払七十四老眼敬金剛峰寺東大寺南端本校書写畢。願主東大寺花厳宗法橋上人位景雅為臨終正念往生極楽花厳円宗興隆仏法自他平等利益也。敬白本枇記也。

とあり、華厳宗の弘通とともに、往生極楽を願ってものであることが知られる。この奥書が事実とすれば、景雅は康和三年（一一〇一）に生まれたことになる。

最後に中の川実範（—一一四四）を訪ねたことが『醍醐本』『四巻伝』『法然上人伝絵詞』（『琳阿本』）『拾遺古徳伝絵』（『古徳伝』）『法然上人伝記』（『九巻伝』）等に伝えている。しかし『私日記』『知恩講私記』などの古い伝記には伝えられていない。

実範の伝記に関する資料は『元亨釈書』『本朝高僧伝』『律苑僧宝伝』『招提千載伝記』等がある。

『尊卑分脈』によれば

資平——資仲——顕実
- 資信　右大弁兵部卿蔵人中納言
- 実重　阿波権守
- 相実　法印権大僧都法曼院真言祖師
- 実範　号中川上人
- 浄顕

となっている。[23] 実範の生誕年時は、不明であるが、父顕実の第一子資信（一〇八〇―一一五六）と第三子相実（一〇八八―一一六五）の出生年時とを考えあわせれば、寛治二年（一〇八八）以後である。実範は、天仁三年（一一一〇）正月八日に範俊に従って、宮中真言院において行なわれた後七日の御修法に出仕しているので、あまり出生年時を繰り下げることはできない。したがって相実の出世した年から遠くない年に生まれたことになる。[24] 入寂が天養元年（一一四四）であるから、五十数歳の生存であったことが知られる。諸伝記によれば、実範は初め興福寺に入って法相宗を学び、次いで醍醐に行って厳覚に密教をうけ、また横川の明賢に天台教学を受けた。法相唯識をはじめ、華厳・三論・真言・天台など幅広い学問を身につけ、やがて興福寺を出て奈良郊外の忍辱山に移り、次いで中の川の勝地を見つけて成身院を創建した。中の川は奈良市の東北にある景勝地で、現在は廃寺となっている成身院を本寺とする中川寺があって、相当栄えたようであり、法相・真言・天台の三宗兼学の道場であった。それは実範の学風からきたものであろう。実範は中の川で約三十年住して中の川教学の宣揚につとめたので、世に中の川実範といわれるようになった。しかし晩年のいつごろか、南山城の棚倉村の丘陵地にあった光明山寺に移っており、ここで天養元年（一一四四）九月に入寂している。光明山寺は現在は廃寺となっているが、奈良東大寺三論系の別所であり、特に念仏信仰に生きる人びとが隠棲し、南都浄土教の重要な拠点となっていた。三論系の永観も十年ほど隠棲していたし、実範と同時期には重誉等も住していた。

三

法然の歴訪した四人と法然との関連性についてはどうであろうか。まず蔵俊との関係であるが、法然が最初に訪問した人である。蔵俊は興福寺の碩学として君臨していたので、若い天台の一学僧が訪問をして、即座に面会できたかどうかの疑問がある。これについてはすでに指摘されており、その大方の意見として遊蓮房円照との関係が注目されている。[25]『法然上人行状絵図』によれば

浄土の法門と遊蓮房とにあへるこそ、人界の生をうけたる、思出にては侍れ。[26]

と述懐していることばに着目している。遊蓮房と興福寺の覚憲とは兄弟であり、覚憲は蔵俊の弟子であることから、法然は遊蓮房を通じて覚憲を知り、さらに蔵俊に面会できる機会を得たというものである。

次に寛雅との関係はどうであろうか。寛雅の兄である元海は醍醐寺の僧であり、同寺の座主にまでなっている。元海は『本朝高僧伝』によれば、醍醐寺の定海について顕密の二教を学び、続いて両部

の灌頂をうけて三宝院に住した。仁平年中には東寺の長者に加わり、次いで醍醐寺の座主となっている。朝野の帰依をうけたが、晩年は寺側に松橋庵という小庵を構えて、そこで保元元年（一一五六）八月十日に六十四歳の寿をもって入寂する。保元元年は、その春法然が嵯峨釈迦堂で七日間の参籠し南都の諸師を歴訪した年である。これが事実であれば、寛雅を訪ねたのは記述どおり醍醐（寺）であったことになる。なぜなら寛雅の兄元海が松橋庵で八月になくなるが、その時寛雅は醍醐に移っていなくても、元海を見舞っていたことは十分に考えられる。そうであるなら、南都の往復の際に醍醐へ訪問することができる。

　さらに蔵俊を興福寺に訪れた時、隆覚が興福寺にあって活躍中であった。隆覚は寛雅の叔父にあたるから、蔵俊から隆覚を紹介され、隆覚を通して寛雅に会うことができる。もしそれが事実であれば、隆覚は保元元年に入寂しているから、法然は二十四歳かそれ以前に訪問したことになる。

　次いで景雅との関連性であるが、諸伝記には景雅は仁和寺や醍醐に住した僧として紹介されている。しかし『円光大師行状絵図翼賛』巻五十七には華厳伝法の系譜をあげ、

　了覚得業 東大寺五世 ―慶雅 六世 ―高弁 栂尾明恵上人

とあって[27]、東大寺第六世となっていることを伝えており、法然は景雅を東大寺に訪ねることができたのである。景雅は晩年に仁和寺や醍醐に移ったものと思われる。景雅は村上天皇の子孫で、兄弟には

弁雅がいる。弁雅（一一三五—一二〇一）は建久八年（一一九七）に比叡山の天台座主になり浄土寺に住した。法然とほぼ同年代の僧であり、比叡山で同じころ山修山学に励んだであろう。法然はこの弁雅を通じて景雅に会ったことも考えられるが、傍証資料がないので憶測の域を出ない。しかし蔵俊と同じように、景雅についても直ちに面会するのは困難と思われるので、あるいは弁雅の存在があったかもしれない。

ところが景雅については、先きの『尊卑分脈』でみられるように、法然が訪れた醍醐三論宗の先達といわれる寛雅と木寺の法印と呼ばれた人とが同一人物であるとするなら、従兄である景雅を寛雅が紹介したことは容易に推測できる。さらに景雅は、仁和寺の華厳院（常楽院）に移ったたのは何年ごろか明確でないが、先きにあげた『華厳五教止観』の書写本の奥書によれば、承安四年（一一七四）には東大寺に在住していたことが知られる。時に法然は開宗の一年前の四十二歳である。その頃まで景雅が東大寺に在住していたとすれば、法然は景雅を東大寺に訪問したことになる。もしも法然の下山を二十四歳とし、そのまま南都を歴訪したとすれば、ちょうどその頃、後ちに法然の『選択集』を非難した栂尾の明恵上人高弁（一一六三—一二三二）が景雅のもとへ十歳（十歳頃）の時、華厳の教えを受けに来ているのであり、景雅という同じ師を巡って、因縁の浅くないものがあるようである。

最後に中の川実範との出会いについてであるが、実範は天養元年（一一四四）に光明山寺で入寂しており、この時法然はわずか十二歳であって、面会する機会はなかったであろう。十二歳で面会する機会があるとすれば、登叡の前に立ち寄ったとも考えられるが、しかし法然に実範から受法するだけの素地があったかどうか疑わしいし、実範にこの歳に会わねばならない必然性もなさそうである。それではなぜこのような間違いが起ったのだろうか。このことについて伊藤祐晃氏は、中の川実範に法を受けたのは、法然ではなくて観覚であることを指摘しておられる。(28)『浄土伝灯録』によれば、観覚は南都を訪問したと伝えられているが、この時おそらく実範からも教えを受けたことは充分に考えられる。観覚が南都を訪問していることは、法然をして南都を遊学させる要因の一つになったであろう。また『玉葉』などによれば、南都と京都とは相当頻繁に僧侶たちが往来しているので、法然も観覚から歩んできた道について聞いていたであろうから、南都を訪問する要因をつくったことは充分考えられる。

ところで、法然と実範が歴史的事実として面会することには無理があるとしても、両者を結びつける何らかの要因が考えられないだろうか。実範は晩年に光明山寺に移り、往生極楽を願っており、その教えを受けた多くの弟子たちが光明山寺に住している。そこで法然は実範から直接に法を受けなかったとしても、弟子たちとの間に何か因果関係がありそうである。実範には多くの著作が残されているが、浄土教関係としては長西の『浄土依憑経論章疏目録』によると、『観無量寿経科文』一巻、『般舟三昧経観念阿弥陀仏』一巻、『往生論五念門行式』一巻、『眉間白毫集』一巻、『臨終要文』一巻、『病中修行記』一巻の六部のあったことが伝えられている。[29] このような著作があり、実範のもっていた浄土教の思想を弟子たちを通じて学ぶことができる。その代表人物として重誉（一一三五―）がいる。『唐招提寺解』には

実範上人（興福寺僧綱少将法印　後隠遁中川蘭若）帰中川被廻律法再興之賢慮。久送年月数廻之涼燠。自是以来。興福寺菩提院贈僧正蔵俊。宝積院覚憲僧正（隠居壺坂）解脱上人次第伝律法。漸次致弘通。[30]

とあって、律法の伝承に「実範―蔵俊―覚憲―貞慶」の次第のあったことが伝えられている。興福寺の蔵俊や覚憲とのつながりにより、蔵俊を訪問した後、実範相伝の法、とくに浄土教を光明山寺に求めたことは充分に考えられるのである。

光明山寺は、京都と奈良との境界にある南山城棚倉村の丘陵地帯にあった寺で、現在は廃寺となっている。『興福寺官務牒疏』に

光明山寺。在相楽郡相谷東棚倉山。

僧房二十八宇。末山二十八宇。（交衆二十口）宇多天皇勅願。広沢寛朝僧正之開基。本尊薬師仏。然永承四年再建。弘寛僧都也。[31]

とあるのによれば、光明山寺は宇多天皇の勅願所で、敦実親王の第二子で仁和寺第三代寛朝（九三六

一九九八）によって開創され、永承四年（一〇四九）に再建されている。光明山寺が東大寺や興福寺と縁があること、とくに興福寺の蔵俊や覚憲とのつながりが強いこと、京都と南都との往復に容易に立ち寄れる場所であること、等々のことによって、法然と光明山寺とのつながりは深いのであり、あるいは立ち寄ったのではないかとも思われる。

光明山寺は、『往生拾因』を残し、南都浄土教の中心人物の一人である永観（一〇三三―一一一一）が三十歳からおよそ十年間にわたって浄業を修し、また覚樹や重誉も住み、南都浄土教者の集まったところである。あるいは法然は光明山寺を訪れ、永観の浄土教にも接したかもしれない。東大寺系三論宗は

　永観―慶信―覚樹―重誉

と次第する。重誉が深い浄土信仰者であったことは凝然の『浄土法門源流章』に

　彼世同時有二光明山重誉大徳一。即三論碩匠也。兼研二密蔵一。帰二投浄土一撰二西方集三巻一。(32)

といっていることによって知られる。このように光明山寺は永観以後、脈々と続く浄土信仰の聖地であり、法然は南都への往来の途中、この光明山寺への道がついたのではないか。法然は南都仏教の法相・三論・華厳等の教義を明らかにしようとして南都を訪れたのではなく、『選択集』にあるように、「速やかに生死を離れん」がためにという明確な課題があった。しかも黒谷での生活においてそれを

浄土教に求めていたであろう。南都にも黒谷で接している『往生要集』の影響を受けた僧があったのであり、浄土教に関する問題が法然の脳裏にうずまいていたであろう。

法然と光明山寺と因縁の深さを物語るものとして、実範の弟子たちとの関係があげられる。実範の弟子は、『血脈類聚記』には十八人あったことが伝えられている。[33]

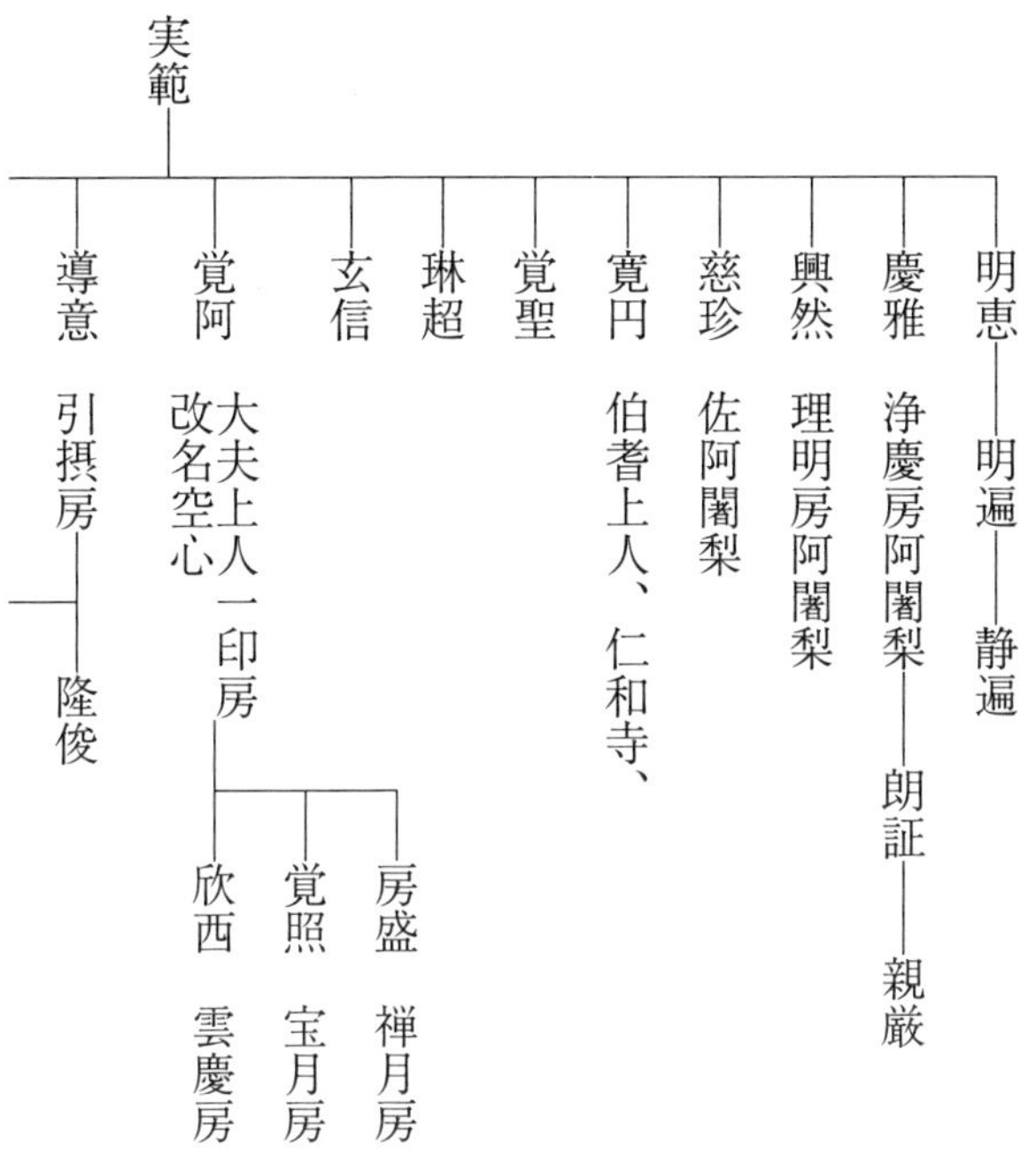

- 重誉
  - 阿観
- 行禅
- 済尊
- 覚仁
- 宗観上人
  - 覚儆
  - 壹意
- 実澄
- 叡信
- 仲覚　兵部阿闍梨、重受、師已講、成仏房俊忠、猶子カ

これらの弟子の中、後ち法然の浄土教に帰した僧や逆に批判した僧をあげることができる。法然の教えに帰依した人として、明恵の系統から明遍やその弟子静遍が出ている。この両者はともに光明山寺に関連をもち、法然が浄土宗を開創すると、すぐにその教えに帰している。明遍は三十一歳で光明山寺に入り、承安年中に法然が盛んに念仏の教えを弘めているのを聞いて、山を出て念仏の義を受け、後ち生涯念仏生活を捨てなかったことが伝えられている。光明山寺にあって同じく浄土信仰の生活を送っていたが、何か納得のいかなかったことがあったのだろう。また弟子の静遍は、明遍からも真言の法をうけていた。そのうち法然の念仏の教えが次第に弘まってきたのに対し、初めは書を著わして

破斥しようとしたが、『選択集』を読む間にその教えの時機相応なることを悟り、かえって『続選択集』をつくり、法然の念仏の教えに帰したといわれる。後ち永観の住した京都禅林寺に移っている。

法然との関係がつけられる僧として次に欣西をあげることができる。欣西は実範の弟子覚阿の弟子である。覚阿は後ち空心と改名したようであるが、大阪一心寺に伝えられる『一行一筆阿弥陀経』には、光明山寺の僧四十八人が一行一筆ずつ筆写しており、その中に空心の名がみられる。[34]欣西も師の空心もともに念仏信仰者であったから、『一行一筆阿弥陀経』の空心と欣西の師といわれる空心とは同じ光明山寺の僧であり、おそらく同一人物であろうと思われる。一心寺の『一行一筆阿弥陀経』は、文治五年（一一八九）六月四日に一一八人の僧が阿弥陀経文を一人一行ずつ書写したもので、高野山・東大寺・光明山寺の僧のほか、法然や慈円等の念仏者が名を連ねている。真偽のほどは明確ではないが、法然当時の浄土教者が書写している。このように欣西は実範から続く念仏信仰を受けつぎ、後ち法然に従って念仏生活に入った。二尊院蔵の『七ヶ条起請文』の中の弟子たちの署名に欣西の名がある。[35]この欣西と実範の弟子であった欣西とが同一人物であるかどうかを確かめる的確な資料はないが、同時期の念仏者としておそらく同一人物ではないだろうか。

このように法然と光明山寺との関係は非常に深く、法然が光明山寺へ行った可能性も十分考えられる。次に法然の教えに批判を加えた人物を巡って光明山寺との関連性について触れてみよう。法然が浄土宗を開創し、念仏の教えが普及するにつれて、批判勢力も次第にたかまり、南都に限ってもその批判者が以前に法然と何らかの関係のある人ばかりである。その批判は教学内容に関わることもさることながら、それ以前の因縁からなされる面もあったのではないだろうか。まず高山寺に住して法然滅後に『摧邪輪』を著わして『選択集』を非難した明恵は、『血脈類集記』の示すように、弟子の明遍や静遍の法然追従を快く思っていなかったであろう。また明恵の師景雅は法然が訪問した僧でもあった。次に『興福寺奏状』を著わした笠置の貞慶（一一五五—一二一三）は、『唐招提寺解』によれば

実範—蔵俊—覚憲—貞慶(36)

と次第する師資相承があって、法然が蔵俊や覚憲を訪問したことに対して一意識が働いていたかもしれない。このように実範を巡る人びとと法然との関係が深いことが知られる。それには、明遍・静遍・欣西等のように法然の新しい念仏の教えに帰依した人びとと、明恵・貞慶等のように、法然の教えを非難した人びとにわかれる。しかしいずれも実範を巡って関係が深く、法然の伝記に、遇うことが困難な実範が登場するのも、何か因縁なしとはしないところがある。このことはそれほどの影響力があるということは、法然が比叡山にいるだけのことでは考えられなく、南都の諸師を歴訪したことから起る因縁ではないかと思われる。とくに光明山寺を巡る関連性の強いことが知られる。

法然の思想形成の重要な時期における諸学匠との出会いは、黒谷在住時代の求道期である。黒谷へ

隠棲する前には皇円等に教えを受けたが、対立する勢力の中で法然の眼に映った僧侶の世界のありかたに疑問を懐いて黒谷へ移住した。父の遺言忘れがたく、青年僧には速やかに平等に救われる道をすでに求めさせる決意をもたせていた。しかもその解決を、西塔北谷の地に流れていた恵心流の法門に触れたことを契機に、浄土教へ求められていたものと思われる。もっとも天台教観の学問も続けられていた。しかしそれは恵心流法門に触れたことにより、その研究が恵心流の祖と仰がれている源信そのものの浄土教に触れることとなり、これを通じて浄土教の立場から仏教全般をみなおそうとしていたのであろう。南都へ趣いた時も、すでに浄土教の研究へと焦点がしぼられており、各宗の教義を明らにするというより、各宗に伝わる浄土教に触れることがすでに目的として定められていたのではないか。各宗の学匠が法然の問いに答えられなかったことが事実であるならば、専門のことに回答しえなかったというより、各宗に伝わる浄土教についての質問に対処できなかったものと思われる。蔵俊はじめ南都の各学匠は、知られる限りではとくに浄土教に対する関心を示していないことによっても了解できるであろう。ただ景雅については、東大寺図書館蔵の『華厳五教止観』が確実な書写本とすれば、往生極楽を願っているし、実範についても、光明山寺に入って浄業の生活に入っているので一考を要するが、法然が歴訪した当時には法然に対して浄土信仰を結びつける縁は極めて稀少といわねばならないだろう。したがって諸伝記の伝えることが事実とすれは、各宗に伝わる浄土教のことをとくに尋ねたことは十分に考えられる。

当時の南都浄土教の重要な拠点である光明山寺によって多少とも浄土教に接しえたかもしれないが、しかし法然の求道の方向を決定づけるような出来事には遭遇しなかったようである。再び比叡山の黒谷にもどって、訪問すべき学匠は訪問して教えを受けたが、満足できるものはなかったので、独学による求道生活が続けられることとなった。しかし後ちに善導に遭遇し浄土一宗を開創するための副線はすでにこの期に育てられていたと思われる。

〔註〕

（1）『法然上人伝の研究』一九頁。ここで中沢見明氏の説もあげる。

（2）『仏教論叢』一四・一一七

（3）櫛田良洪氏によって『日本歴史』二〇〇号に紹介されたもの。東寺宝菩提院三密蔵の聖教の背紙から発見され、最古の法然伝とされる。赤松俊秀氏も『続鎌倉仏教の研究』で触れている。

（4）『法伝全』一〇三五

（5）『浄全』一〇・三二下

（6）『浄全』一〇・三四下

（7）三田全信著『成立史的法然上人諸伝の研究』

（8）拙稿「法然上人の南都遊学」（知恩院浄土宗学研究所編『法然仏教の研究』所収）参照。

（9）『法伝全』一〇三五。良忠は『決答授手印疑問鈔』巻上に「於二本山一学二天台一時所詮以二一心三観一為二出要之旨一大師御本意分明之間付レ此欲レ行レ之処法雖二甚深一吾機難レ及仍至二南都一遍学二華厳三論法相等之宗一之処入門雖レ異皆云下寂

静湛然之一理係レ心可上レ顕二此妙理一也吾機難レ及只同二天台一」（『浄全』一〇・三二下）といい、南都へ趣いたことを記している。

(10) 三田全信著『法然上人諸伝の研究』参照

(11) 『興福寺流記』（『大日本仏教全書』以下『日仏全』―一二三・二五下）

(12) 『浄土宗西山派深草史』

(13) 『浄全』一六・一三九上。

(14) 『尊卑分脈』（『国史大系』六〇上）

(15) 元海については『三宝院列祖次第』（『続群書類聚』四）参照。

(16) 『平家物語』巻三（岩波『日本古典文学大系』三二・二三七）。

(17) 『群書類聚』三・七三八。

(18) 『浄全』一六・九〇〇上。

(19) 『続群書類聚』八・二〇五上。

(20) 『浄全』一六・一三九上。

(21) 『浄全』一六・九〇〇下。

(22) 『群書類聚』三・七二七。

(23) 『尊卑分脈』（『国史大系』五九・一二）

(24) 佐藤哲英著『念仏式の研究』参照。

(25) 三田全信著『法然上人諸伝の研究』、伊藤唯真稿「遊蓮房円照と法然」（香月乗光編『浄土宗開創期の研究』所収）参照。

(26) 『法伝全』二八四。

(27) 『浄全』一六・九〇〇下。

(28) 『浄土宗史の研究』参照。

(29) 『日仏全』目録部参照。

(30) 『日仏全』一〇五・五六上。
(31) 『日仏全』一一九・四三六下。
(32) 『大正』八四・一九六上。
(33) 佐藤哲英著『念仏式の研究』参照。
(34) 大阪一心寺蔵『一行一筆阿弥陀経』の考証については、田中塊堂稿「一行一筆勧進心経・阿弥陀経に就いて」(井川定慶博士喜寿記念会編『日本文化と浄土教論攷』所収)参照。
(35) 『昭法全』七九〇。
(36) 『日仏全』一〇五・五六上。

四、諸宗の教えに対する法然の見解

法然は叡山の天台の教えや南都の諸宗の教えを学んだが、いずれにも満足できないでいた。学問の師として最初の人は叡山の皇円であるが、皇円（一説叡空）について出家授戒し、遁世の志をもって「ながく名利の望をやめて心静に仏法修学せんが為なり[1]」として天台三大部を三ヶ年学んだ。『琳阿本』によれば、

恵解天性にして、をと〱師の授にこへたり。闍梨いよ〱感嘆して云。まけて講説をつとめ、まさに大業をとげて円宗の棟梁たるべしと。度々念比にす、むれども、さらに承諾のこと葉なくして、忽に遁世の色有[2]。

とあって、天台三大部を学ぶことは出世のためではないとの明確な態度を示した。当時の叡山では出世のための学問色彩が強く、法然の求めることではなかった。後日ふりかえって『一期物語』に、当世の求道者は法門の分限、身のほどに迷い、ことに師の阿闍梨は逝去の時、智恵ある故に生死を離れることができなかったのは浄土の法門を知らなかったからであると述べている[3]。

遁世の志の強い法然に対して皇円は黒谷の叡空を紹介した。十八歳の時であった。叡空より先師の源光と自らの僧名の一字をとって源空と名づけられた。源空は黒谷の経蔵に籠り、ひとえに名利を捨

て生死を離れる道を求めた。また『浄土法門源流章』に

昔源信僧都作二往生要集一伝二之後世一。自レ爾已来歴レ世相伝乃至黒谷叡空大徳伝二持此集一。成二弁浄業一。源空随二叡空一学二此集一得レ旨。[4]

とあり、叡空より『往生要集』を学んだ。法然自身も

往生要集為二先達一而入二浄土門一。[5]

といっており、浄土教への縁がつけられている。叡空から『往生要集』の講義を受け、これが生涯を通しての重要な機縁となっていった。またこの『往生要集』について叡空との対談の中で、観念と称名の念仏のいずれが勝れているか論争となり、称名の念仏が勝れているとした法然に対して叡空は木枕を投げつけるほどであったと伝えている。後日、叡空は法然の正しさを認めたという。

法然にとって当時の天台宗の教えにどのような問題があったのであろう。『阿弥陀経釈』に

然予昔在二叡峰一、扇二天台之余風一。挹二玉泉之下流一、三観六即疑雲未レ披。四教五時、迷闇未レ暁。沈又於二異宗他門一乎。[6]

といい、天台教学の三観六即、四教五時の法門を受けたが、生死解脱の問題は解決できなかった。智恵第一といわれるほどの俊才であったが、なぜこのように迷ったのか。ここで注意しなければならないのは、天台宗の教えに問題があるのではなく、教えが立派すぎて自分の能力に合わないということ

を法然は問題にするのである。三学非器というほどの徹底した凡夫意識をもつ法然にとって高度な教えであるのである。法然自身は周囲からみれば十分消化する能力があっても自己凝思の強い法然に通じないことであり、何より自己も含めて平等に生死の問題を解決することにはならない。法然にとっても自分が解決できないことであった。

法然は天台宗の理論のみならず実践も多く修している。『百四十五箇条問答』には

　一、この真如観はし候へき事にて候か。

　　答。これは恵心のと申て候へとも、わろき物にて候也。おほかた真如観をは、われら衆生は、えせぬ事にて候そ、往生のためにもおもはれぬことにて候へは、無益に候。[7]

といっており、また『乗願上人伝説の詞』にも

　色相観は観経の説也。たとひ称名の行人なりといふとも、これを観ずべく候か、いかん。上人答ての給はく、源空もはじめはさるいたづら事をしたりき。いまはしからず、但信の称名也と。[8]

とあり、真如観や色相観は天台止観の法であり、中道を観得する方法であるが、もとより自己の能力に合わないことをしてきたことを反省している。また当時の天台宗で好まれた四箇の行がある。『選択集』に

　次散善中有二大小持戒行一。世皆以為持戒行者是入真要也。破戒之者不レ可二往生一。又有二菩提心行一。

人皆以為菩提心是浄土綱要。若無菩提心一者即不レ可二往生一。又有二解第一義行一。此是理観。人亦以為理是仏源。離レ理不レ可レ求二仏土一。若無二理観一者不レ可往生一。又有二読誦大乗行一。人皆以為読二誦大乗経一即可二往生一。若無二読誦行一者不レ可二往生一。就レ此有レ二。一者持経二者持呪。持経者持二般若法華等諸大乗経一也。持呪者持二随求尊勝光明阿弥陀等諸神呪一也。凡散善十一人皆雖レ貴而於二其中一。此四箇行当世之人殊所レ欲之行也。以二此等行一殆抑二念仏一。[10]

とあって、持戒、菩提心、解第一義行（理観）、読誦大乗行は当時ことに実践されたという。これら四箇の行は貴い行であって念仏の行を抑えてしまっているという。天台宗の人が欲する行であっても、自己の能力に合わないのである。

叡空に暇をこい、法を求めて嵯峨釈迦堂に七日間参籠した。インドから来られているという信仰をもち生身の釈迦とあがめられている仏に仏教の原点を尋ねたと思われる。参籠の後、南都へ趣いて、まず興福寺の蔵俊を訪ね、法相宗の法門について談義をした。蔵俊は「ただ人に非ず。おそらくは大権の化現か」と法然の智慧深甚であることに敬服し、生涯、供養物を贈ったと伝えている。続く醍醐三論宗の寛雅は、法然の質問に総じて語ることなく、文櫃十余合を取り出し、自らの弟子には法門を付属する者がいないといい、わが法門をすべて付属するとして差し出したという。また二字を献じて弟子の礼をとったとも伝えている。次に慶雅（景雅）は、華厳宗の法門の自解を述べたが、はじめは法然をあなどり憍慢な態度で高声に問答したが、後に舌をまいてものを言わなくなり、二字を献じたという。諸宗の祖師はいずれも弟子の礼をとったり、法門すべてを付属するなど疑問に応えることがなかった。法然側の伝記の作者の表現ということもあって、法然を顕彰しようとする意図があったとしても、力量のある当代の学僧が簡単に弟子の礼をとることがあるのだろうか。ここには何か議論のすれちがいがあるのではないだろうか。

法然が各宗の祖師に求めたことは、天台、法相、三論、真言等の教えではなく、皇円との論議にあるように、法然は自らの生死解脱の法を真剣に求めていたのであって、学問的理解を深めることではなかった。仮りに学問的理解が生死解脱につながることであっても能力的に相応しないのであり、もともと学問によっては生死を解脱することができないことも見ぬいているのである。諸宗の学匠が法然の質問に応えられないというのは諸宗の専門的なことではなく、法然は諸宗に伝えられる浄土教であったのではなかったか、当時の学匠は思いもかけない質問に詰まってしまったとも考えられる。

法然はすでに十八歳で黒谷に住し、師の叡空より源信の『往生要集』の講義を聴いていて、浄土教への関心が向けられていた。『一期物語』には、

於二五念門一雖レ名二正修念仏一、作願回向是非二行体一。礼拝讃嘆又不レ如二観察一。観察中於二称名一丁寧勧レ之為二本意一云事顕然也。但於二百即百生行相一者。已譲二道綽善導釈一委不レ述レ之。(11)

と述べているように、『往生要集』に称名念仏が末代の凡夫の行として勧められているが、なぜ百即百生であるのかについては詳しく述べていないとし、『往生要集』を先達として浄土の法門に入った法然は当然のごとく百即百生の道綽善導の浄土教へ関心が向いていったと考えられる。諸宗の学匠を訪ねる時にはすでに念仏の実践に関心を寄せていて、そのことについて諸宗の学匠に質問したのではないか。諸宗の学匠は、生死を解脱する百即百生の法門のことを尋ねられて応答できなかったと考えられる。

このように皇円からはじまり、叡空そして南都の諸師を訪ねたが、法然の求めていた仏法との出合いはなかった。諸宗の教えは立派であっても機根に合わないことが原因であった。この原因はどこから来るのであろうか。諸宗にあっては釈尊の教えの中でもっとも勝れた教えは何かということに関心が向けられていた。中国において教えの優劣を判ずることが起り、ここに教相判釈がなされた。経典整理がなされる中で優劣論が展開し、日本にわたった時には八宗九宗になっていった。ところで、法然は自他ともに救われる道を求め、各宗の教えを受けた。はじめに仏法に会ったことによろこび感謝している。『登山状』には、

それ流浪三界のうち、いつれの界におもむきてか釈尊の出世にあはさりし。輪廻四生のあひた、いつれの生をうけてか如来の説法をきかさりし。花厳開講のむしろにもましはらす、般若演説の

座にもつらならす、鷲峯説法のにわにものそます、鶴林涅槃のみきりにもいたらす。われ舎衛の三億の家にややとりけん、しらす地獄八熱のそこにややすみけん、はつへし〳〵かなしむへし〳〵。まさにいま多生曠劫をへて、むまれかたき人界にむまれて、無量劫ををくりてあひかたき仏教にあへり。釈尊の在世にあはさる事は、かなしみなりといへとも、教法流布の世にあふ事をえたるは、是よろこび也[12]。

といっている。同様のことは『黒田の聖人へつかはす御文』や『念仏往生義』、『要義問答』等にもみられる。

そも〳〵一代諸教のうち、顕宗密宗、大乗小乗、権教実教、論家部八宗にわかれ、義万差につらなりて、あるいは万法皆空の宗をとき、あるいは諸法実相の心をあかし、あるいは五性各別の義をたて、あるいは悉有仏性の理を談し、宗々に究竟至極の義をあらそひ、各々に甚深正義の宗を論す。みなこれ経論の実語也。そも〳〵又如来の金言也。あるいは機をと丶のへてこれをとき、あるいは時をか丶みてこれをおしへ給へり。いつくかあさく、いつれかふかき、ともに是非をわまへかたし。かれも教これも教、たかひに偏執をいたく事なかれ。説のことく修行せは、みなことく〳〵く生死を過度すへし。法のことく修行せは、ともにおなしく菩提を証得すへし[13]。

とあり、仏法は仏の金言であって、仏道修行の能力や時代を鑑みて種々の法を説かれた。いずれの教も生死解脱の方法であり、浅深はないというのである。『十二問答』にも「理観菩提心読誦大乗真言止観等ハイスレモ仏法ノオロカニマスマスニハアラス[14]」といっている。しかし仏道は「タタシ仏道修行ハ、ヨクヨク身ヲハカリ時ヲハカルヘキナリ[15]」といい、自らの修行能力と末法という時代意識を十分ふまえるべきであることを述べている。法然自身も

真言の入我我入、即字本不生の観、天台の三観六即中道実相の観、花厳宗の法界唯心の観、仏心宗の即心是仏の観、理はふかく解はあさし。かるがゆえに末代の行者、その証をうるに、きはめてかたし[16]。

といい、各宗の教えは理深く、自らの理解は浅く、教えと修行能力が合わないことを嘆いている。

そこで法然は父の自他ともに救われる道を求め、平等に百即百生の教えを求め、諸宗の浄土教に関心が向けられた。次に諸宗に伝えられる浄土教について検討してみたい。

〔註〕

（1）『法伝全』三四三

（2）『法伝全』五四八

（3）『昭法全』四三九

（4）『浄全』一五・五九一上

（5）『法伝全』七七四

(6)『昭法全』一四六
(7)『昭法全』六四八
(8)『昭法全』六四八
(9)『昭法全』四六六
(10)『昭法全』三四三
(11)『昭法全』四三七
(12)『昭法全』四一七、四九九、六九〇、六一三
(13)『昭法全』四一八
(14)『昭法全』六三三
(15)『昭法全』四〇五
(16)『昭法全』四九

五、諸宗の浄土教

(1) 日本浄土教の区分

日本浄土教は、(1)南都浄土教、(2)叡山浄土教、(3)密教浄土教の三流に分けられている。[1] (1)南都浄土教は最も早くから行われた三論系はじめ、華厳系、法相系がある。三論系に智光（七〇九―七七〇～七八一）が出て、『無量寿経論釈』や『四十八願釈』があり、また礼光とともに弥陀を信仰し、後世に智光曼陀羅の変相図を整作している。智光の後ち元興寺に隆海が出て、とくに臨終に及んで阿弥陀仏を観じ、弥陀讃をとなえて入寂したと伝えられる。平安末期には永観（一〇三三―一一一一）や珍海（一〇九二―一一五二）などが出たが、この頃の浄土教は叡山の源信を中心とする浄土教を強く受けるので、先きに叡山浄土教についてとりあげたい。

(2) 叡山浄土教の区分

叡山浄土教は日本浄土教史上、大きく展開し、日本仏教に与えた影響は大きい。永い歴史を有するので、歴史的展開として四期に分類されている。

①初期伝承時代—平安初期
②念仏興行時代—平安中、後期
③新宗派生時代—鎌倉初期
④戒浄双行時代—鎌倉末〜江戸期

①初期伝承時代は、叡山に天台宗を開創した最澄や弟子の円仁があり、②念仏興行時代は、空也、良源、源信、覚運等が出、③新宗派生時代には、法然、親鸞、証空、一遍等が輩出し、④戒浄双行時代には、室町期の真盛や江戸期の妙立、霊空が出ている。この四期の中で今は①②の時代の浄土教についで検討してみる。

㋑　初期伝承時代

最澄・円仁

まず①の時代の最澄は、南都仏教界が権勢をはる中で北嶺に天台宗を開創した。開創にあたっては南都仏教界の大きな抵抗があり、とくに法相宗興福寺の徳一と熾烈な論争が展開した。最澄が強調したのは、三一権実の論争で一乗仏教の正しさを説くことと、大乗戒壇の設立であった。

その中にあって浄土信仰を説くのは止観の具体的な実践として説かれる四種三昧にある。常坐三昧、常行三昧、半行半坐三昧、非行非坐三昧の中の常行三昧がそれである。常行三昧は『般舟三昧経』によるもので、仏立三昧ともいう。阿弥陀仏を本尊とする九十日間の常行であり、身は住、坐、臥は閉じ、行のみを開き、口は阿弥陀仏の名を称えるだけであり、意は常に阿弥陀仏のみに寄せる歩歩声声念念ただ阿弥陀仏に在りという実践である。天台の浄土教は己心弥陀、唯心浄土を説き、わが心を離れて阿弥陀仏も浄土もないとし、わが心の阿弥陀仏や浄土を顕現することにあるとする止観念仏である。

次に最澄を受けた円仁も入唐して智顗の常行三昧を伝えたが、円仁は五台山に行っており、五台山で行われていた五台山念仏、五会念仏を伝えている。五会念仏は法照の創設した念仏で、発する声の高低や急軟を工夫して音楽的に称える念仏であった。円仁の伝えた念仏は最澄の伝えた止観念仏に称える工夫が加わった念仏で、後世の称名念仏発展の魁となった。

㈡　念仏興行時代

空也

次に②念仏興行時代の空也（九〇三―九七二）は、市聖、阿弥陀聖といわれ、念仏の教えを教学的に説くことより、証をたたいてひたすら念仏を称えて歩いたとされる。その念仏は単に最澄以来の止観念仏とはいえない。空也には念仏思想を説く書がないので、明確することはできないが、後世にとり入れられる善導の唱道する本願念仏でもないようである。『空也誄』にも本願念仏をうかがわせる文言を見い出すことはできない。

〔註〕

（1）佐藤哲英著『叡山浄土教の研究』

良源

浄土教者にとって往生は重要な目的であるが、良源（九一二―九八五）の『極楽浄土九品往生義』（以下『九品往生義』）も、その阿弥陀仏の浄土への往生について精細に説示している。本書が良源の弟子に与えた影響も大きく、源信は『往生要集』を撰述するにあたって、師の良源が入滅したことによりいっそう浄土教への信仰を強くしたのも『九品往生義』があったからこそであったであろう。源信が日本浄土教の夜明けを告げたといわれる『往生要集』の撰述に心血を注いだのも、本書の影響を受けたからであろう。日本天台の歴史の上で、念仏が興行するのはこの良源の『九品往生義』が撰述されてからである。源信の『往生要集』が、後世の法然などに注目されてあまりにも有名であるが[1]、良源の『九品往生義』はそれほど注目されない感がある。しかし浄土教隆盛の時代を迎える端緒となったのは本書からであるといってもよい。ただ『九品往生義』が良源の作でないということも近年指摘されている。後世に大きな影響を与えた本書は、源信が『往生要集』に天台智顗の作と伝えられる『観無量寿経疏』（以下『天台疏』）をほとんど引用しないのに対して、『天台疏』の立場を受けながら『観無量寿経』を中心とした浄土教と取り組んでいるという相違のあることがまず指摘される。以下『九品往生義』における念仏と滅罪のありかた、とくに五逆罪を犯したものの往生、あるいは念仏と懺悔を巡る滅罪の問題など、天台の立場をふまえながら特徴的な解釈を明らかにしてみたい。

阿弥陀仏の浄土に往生することを目的とするものにとって、どうすればそれが可能になるかということをまず認識しなければならないし、それに伴う実践を行じなければならない。八宗の祖龍樹は不退を獲得するために念仏を行じ、世親は五念門の実践、善導は五種正行の実践などを規定している。良源の『九品往生義』は『天台疏』を規範としながらも『無量寿経』にとくに注目して、天台教学の立場から、例えば善導とは全く異なる浄土教を展開している。『無量寿経』や『観無量寿経』を重視しながら、善導の著作を引かないのは、天台教学の立場からは相容れないものがあると判断したためであろうか。弟子の源信は『往生要集』に善導を引きながら、実践を体系づけている。もちろん善導を引きながらも、善導の実践体系とは異なったものであり、決して天台止観の立場をくずすものではないが、ただ師良源が『九品往生義』で規範とした『天台疏』を引かないのはまた不思議なことである。[2]

そこで良源は、阿弥陀仏の浄土に往生するものの条件としてどのようなことを考えていたであろうか。『九品往生義』によれば、

復有三種衆生当得往生。何等為レ三。一者慈心不殺戒行。与楽名レ慈。有二慈心一故。不レ害二物命一名為二不殺一。即是十善中第一戒善也。具諸戒行。所謂不偸盗乃至不邪見。具二此諸戒一定得二浄土一。(中略)二者読誦大乗経典。対レ文名レ読離レ文称レ誦。大者普偏広博之義。乗者即是運載之義。運二載一切蠢蠢群生一証二大覚果一。故名二大乗一。(中略)三者修六念廻向発願願生彼国。疏云六念者仏法僧施戒天六事安レ心不レ動称為レ念也。(中略)廻向発願願生彼国者。此文非二唯於修行六念一。兼復総二結上之二行一也。謂慈心不レ殺具二諸戒行一廻向発願願レ生二彼国一。或読二誦大乗方等経典一。廻向発願願レ生二彼国一。[3]

とか

雖レ見二仏身一。於二衆相好一心不二明了一。雖レ信二因果一。発二菩提心一而不下修二習方等経典一修二行六念一解中第一義上故。雖レ見二仏身一而不二明了一也。[4]

とか

前六生人平生皆修二浄土之因一。謂修三因解第一義発大道心修行諸戒一日夜戒孝養仁慈。故生二浄土一。其理分明。[5]

とか

欲レ生二西方極楽一者当レ修二三福一。一者孝養父母奉事師長慈心不レ殺修二十善業一。二者受二持三帰一具二足衆戒不レ犯二律儀一。三者発二菩提心一深信二因果一読二誦大乗一勧二進行者一。[6]

と述べているところを総合すれば、経典の文に従って浄土に往生する因となるのは、慈心不殺戒行・読誦大乗経典・六念・発菩提心・解第一義・孝養奉事などをあげている。このほかにも「善く義趣を解し、第一義において心動ぜざる者、深く因果を信じ、大乗を尊重する故に浄土に生じ、速やかに妙覚を成ず。[7]」とか、「持戒の者を浄土の因と為す。[8]」などと述べており、これらを往生浄土の因としていることが知られる。六念についてはまたこれは菩提心の根本となるともいっている。[9]上品生ほどこれらの諸因を満足しなければならない。このように経典や『天台疏』をうけながら、浄土に往生する因について多くのものをあげているが、源信も『往生要集』において、発菩提心・持戒・護三業・読誦大乗などをあげている。[10]「往生諸行」には、施・戒行・忍辱・精進・禅定・般若・発菩提心・修行六念・読誦大乗・守護仏法・孝順父母・奉事師長・不生憍慢・不染利養の十三の項目をあげており、[11]これらは良源を受けたものであろう。しかしその中でも「菩提心はこれ浄土菩提の綱要なり」といって、菩提心を往生浄土の正因としている。このように『天台疏』をうけて良源の往生浄土の要因の規定はその後の天台浄土教者の規範となったようであり、後世の法然により、持戒・菩提心・解第一義（理観）・読誦大乗の四箇の行は念仏を抑制してしまうほどに行われていると言わしめたほどである。[12]

往生浄土の因として慈心不殺戒行・読誦大乗・六念などが重視されているのであるが、このうちのすべてを満足しなければ浄土に往生できないのか、あるいは一法のみでも可能なのかについて、(1)具足しなければならない、(2)一一の行の中に多行があるから一法のみでもよいという二説をあげている。ただしこれは上品上生の者となっている。いずれにしても『観無量寿経』に説かれる至誠心・深心・廻向発願心の三心を重視し、いずれの実践においても発すべきことを述べている。[13] そして源信も指摘したように、あるいは源信はその影響を受けたのであろうが、浄土の因の中でも菩提心を重視している。

菩提心者覚悟義也。即是慈悲相応之心。六度四摂相応之心。若広説者菩薩万行相応之心。若略説者上求仏果下化衆生之心若レ此等心起故名二発菩提心一。此略有レ十。[14]

といい、『摩訶止観』によって十種の菩提心をあげてその重要性を強調している。このような菩提心などの浄土の因を往生あるいは覚悟、妙覚の位にまで達せしめる勝縁として念仏を位置づけているようである。念仏の義多しとしながらも、六念の中の一つとして示しているが、その中で念仏とは「念仏の行者、一心に仏の功徳を念ず。[15]」といい、また「仏身中、種々の功徳を念ずるを名づけて念仏と為す。」とあるように、仏身の功徳に念いをよせることであると述べている。阿弥陀仏の諸種の功徳についてはそれほど明確に説かれるわけではない。しかし阿弥陀仏のみならず、諸仏共有の功徳ではあるが、「余聖に比して即ち不共と為す故」に、特別にこの十力を讃ずるとして、(1)処非処智力(2)業異熟智力(3)静慮解脱等持等至雑染清浄智力(4)種種根智力(5)種種勝解智力(6)種種界智力(7)偏趣行智力(8)宿住随念智力(9)死生智力(10)漏尽智力をあげている。[16]阿弥陀仏の功徳については、「阿弥陀如来の名字を聞く」ということばがあるものの名号そのものの功徳性の強調は見当らない。弟子の源信には阿弥陀仏の名号の功徳性についてかなり強調されてくる。『阿弥陀経略記』には

当レ知。彼仏依正万徳。無始已来。在二己心中一。妄想遮レ眼。雖レ未レ能レ見。法性常円。実無二増減一。若未レ得レ聞。是理即万徳。聴聞信解。是名字万徳。一心称念。是観行万徳。蓮台託生後。当二相似万徳一。百法明門後。即分真万徳。乃至究竟。如レ理応レ思。三界唯心。心外無二別法一。己心既円。諸法亦爾。[17]

と述べ、六即の阿弥陀仏のあるという円教独自の解釈を行っている。『往生要集』にも「名号の万徳」を述べる先駆的なものがみられるが、『阿弥陀経略記』には随所に触れられていて、「三身万徳」「依正万徳」ということばもみられ、「万徳自然に円かなるを阿弥陀仏と名づく」などと強調されている。[18]

名号の万徳性は、さらに後世法然によって強調され、「万徳所帰」の名号として、名号を称えるだけでその功徳が阿弥陀仏の救済力となって外に働き出すものと位置づけられてくる。[19] 良源の場合には弟子源信ほどの解釈はみられない。『浄土十疑論』の「仏の清浄真実功徳の名号を聞いて、無上菩提を縁ずる心に従って生ず。[20]」ということばを引用するものの、意識としてはあまりないようである。

良源において、往生浄土は経典の説くところに従って、「仏の後に随従し、弾指の頃の如くに彼の国に往生す。[21]」とか「行者自ら見れば紫金台に坐し、合掌叉手して諸仏を讃嘆し、一念の頃の如くに即ち彼の国七宝の池中に生ず。[22]」と述べており、先きの文の割註には「弾指の頃の如くとは往生の速疾を明す。」とある。そしてその浄土に往生するということについても蓮華化生することを述べている。しかし化生ということについて、経典にいう化生は智慧功徳が勝れている菩薩について成就することができるのであるが、下輩については摂することができないという。ところが、にもかかわらず、

　若許便有二太過失一故。若離二四生一者。即有二無因過一。故知。雖レ在二仏前華中一。経レ劫不レ見二仏法僧一故。依レ喩応レ受二胎生一者。然非二父母和合一故。亦名二化生一。此義亦得。[23]

と述べて、やはり化生であることを明かしている。[24] このような往生は「前の三心と後の三行において精進勇猛に善く修行する」ことによって可能になる。至誠心等の三心、戒行等の三行などは、上品の菩薩成仏の時に具足するものであり、「浄仏国土成就衆生」という上求下化の大乗菩薩道を行ずるこ

とのできるもののためのものとされている。上品生ほど往生浄土の条件も強くなるが、その果も高くなっている。上品生の中でも、たとえば見仏について

> 得レ見レ仏前上生人纔生二彼国一速見レ仏聞レ法即悟二無生忍一。次中生人生二彼国一後経レ宿蓮開即得二見仏一。今下生人経二一日一夜一蓮華乃開経二七日一後方得二見仏一。此亦修因有二勝劣一故。致レ令下華開及見二世尊一有中速遅別上。(25)

といっており、上生は往生して速やかに見仏するが、中生は宿を経て、下生は一日一夜さらに七日を経なければならないという。中品下生に到って、命終の時に阿弥陀仏の修因時の四十八願を説くことに遇う(26)。ところが善を修することのできない下品生の往生はいかに完遂するのであろうか。上生人は衆悪を造って慚愧することなく、中生人は五戒八戒および具足戒を毀犯して慚愧することなく、下生人に至っては五逆十悪を造って、およそこれらの人は往生浄土の実践どころではない。先きにあげた往生浄土の因についても、たとえば孝養奉事慈心・持戒・菩提心読誦大乗の三事については、

> 此三種業於二九品一為二何品因一。答曰。如レ文釈者。孝養父母奉事師長是中品下生之因。慈心不殺修十善業及第三業是上品之因。其第二業是中品上生中品中生因。其間委細応二以レ義知一矣。(27)

と述べていて、上品生の実践とはなっていない。しかし下品生の人についても往生浄土の可能性が認められている。

そこで下品生の人は、造悪に対しての滅罪が必要になってくる。良源においては、後世の浄土教のように未断悪の往生は認めていないからである。ところが平生には諸悪業を造ることしかできない下品生の人はどのようにして滅罪すればよいのであろうか。次に下品生の人の滅罪について触れてみよう。

未断悪の凡夫の往生を認めていない良源の『九品往生義』において、造罪の者はなおさらであるが、このような人の往生をも認めていこうとするとき、ここに煩悩や罪障の消滅をはからねばならない。往生浄土を妨げる煩悩や罪障の中で、もっとも障りとなるのが五逆罪であろう。良源も『九品往生義』においてしばしば触れている。まず触れられるのが、中品上生の人が戒を受持すべきであると説くところに引かれ、五逆の種類内容についても触れている。殺父・殺母・殺阿羅漢・破和合僧・出仏身血の五逆をあげ、さらに

犯二此逆一者身壊命終必定堕二於無間地獄一。一大劫中受二無量苦一。由二此義一故名二無間業一。是則因中故説二果名一也。所レ言無間者受生無間故形量無間故受苦無間故。然准二薩遮尼乾子経一此五逆罪総焚二焼経蔵一及以盗二用三宝財物一。二者謗二三乗法一言レ非二聖教一。障破留難隠弊覆蔵。三者於二一切出家人一若有戒無戒持戒破戒打罵訶責説レ過禁閉還俗駆使債調断レ命。四者殺父殺母出仏身血破和合僧殺阿羅漢。五者撥二無因果一。長夜常行二十不善業一。依二倶舎論一有二無間同類罪業一故彼頌曰汗二母

無学尼㆒殺㆓住定菩薩及有学聖者㆒奮㆓僧和合縁㆒破㆓壊率都婆㆒。是無間同類。[28]

と述べている。しかし五逆の問題が強くとりあげられるのは下品下生のところである。良源は『観無量寿経』の文をあげ、さらに『天台疏』を引いて五逆の者も往生できる可能性を認めている。『天台疏』においては

問大本五逆謗法不㆑得㆑生。此経逆罪得㆑生。釈有㆓両義㆒。約㆑人造㆑罪有㆑上有㆑下。上根者如㆓世王㆒造㆑逆必有㆓重悔㆒。令㆓罪消薄㆒容㆑使㆑得㆑生。下根人造㆑逆多無㆓重悔㆒故不㆑得㆑生。二者約㆑行。行有㆓定散㆒観仏三昧名㆑定修㆓余善業㆒説以為㆑散。散善力微不㆑能㆑滅㆓除五逆㆒不㆑得㆓往生㆒。大本就㆑此故言㆓不生㆒。此経明㆑観故説㆓得生㆒。[29]

とあるように、五逆罪を犯したものが往生できるか否かについて二義あることを明かしている。(1)は造罪の上下で、深く造罪を懺悔する上根は往生できるが、下根は懺悔がないので不得生である。(2)は約行であり、観仏三昧の定善を修すれば往生が可能であるが、余の善業は散業で五逆罪までは滅除しないから不得生であるという。良源はこの釈を引き、さらに義寂や懐感の釈を引いているが、そのあと「繋故不能引」として他の釈を省略し、また自らの意見も述べていない。[30] しかし『九品往生義』の中で、良源の立場を汲みとることばを拾いあげてみたい。下品下生、すなわち五逆十悪の造罪のものも、仏を念ずることによってこれを勝縁として往生できるという『天台疏』のことはを引き、その理

由について問答を設けている。行者が小時の心力をもってすれば終身の造悪に勝れるとするのはどういう理由にもとづくものであるかについて『大論』により次のように述べている。

是心雖二小時一而心力猛利如二垂レ死之人一必知レ不レ免諦心決断勝二百年願力一。是心名為二大心一。以二捨レ身事急一故如下人入レ陣不レ惜二身命一名為中健人上也。[31]

とあり、さらにこれは宿世の善業が強ければ、大心をもって十念すれば往生が可能であると続いて述べている。大心があれば往生が可能であるとするのは、それだけ臨終が重視されているのであり、造罪の者にとってはまたそれ以外に救われる道もない。しかし臨終に阿弥陀仏の名を称えて、輪廻の罪を滅してたちまちに浄土に往生できるのは「彼如来難思力也[32]」と述べているのによる。すなわち如来の側の力により罪が滅除されていくという注目すべきことばがみられる。ところがそれは臨終という逼迫した大心のおこる時に可能となるのである。けれども

雖三平生不レ修二善因一而由三臨終聞二三宝名一故勿滅二衆悪一速生二彼土一也。[33]

とあるように、臨終における五逆罪の往生の可能性を強調してくるところは、後世の源信にも大きく影響したようで、とくに臨終行儀の重視はその一つのあらわれといってよいであろう。

このように良源においては、とくに臨終という免れることができない諦心の決断した大心がおこった時、如来の難思の力が行者の十念と一つとなり、ここに滅罪が成就すると同時に、往生という浄土

信仰者にとっての目的が成しとげられることになるとみていると思われる。

『九品往生義』における往生の得不得の問題をとくに五逆造罪者の上にみてきたが、その往生は困難とはいっても、臨終における諦心決断という大心のおこる時、行者の十念と如来の難思力が一つとなって往生できることが強調されていることが知られた。しかし問題はそれで解決したのではない。臨終における滅罪ということについては懺悔ということがなければならない。懺悔は『天台疏』の上でも強調されているが、ところで、それは下根のものには困難なこととされている。ましてや「一切諸罪性皆如。顛倒因縁妄心起。如レ是罪本来空[34]」などと観ずることは五逆造罪のものには不可能といってもよい。ここに「往生之業念仏為本」として、仏の色相を観ずる念仏を強調する『往生要集』の出現の場があったのではないだろうか。

註

（1）法然は『往生要集』により浄生の法門に入ったことを述懐している。（醍醐本『法然上人伝記』）

（2）良忠の『往生要集義記』には「有会云」として浄影の疏と少しも変るところがないので、先きに記された浄影疏に依るのであるとしている。（『浄全』一五・三五八上）

（3）『浄全』一五・三上―七下

（4）『浄全』一五・一一下

（5）『浄全』一五・一二五下

(6)『浄全』一五・三六上
(7)『浄全』一五・一〇上
(8)『浄全』一五・一四下
(9)『浄全』一五・七下
(10)『往生要集』の「助念方法」の総結要行など参照。(『浄全』一五・一〇八上ほか)
(11)『浄全』一五・一三二下
(12)『選択集』(『昭法全』三四三)
(13)『浄全』一五・八上
(14)『浄全』一五・三四上
(15)『浄全』一五・四上
(16)『倶舎論』『地持論』にとかれる。
(17)『恵心僧都全集』(以下『恵全』)一・四一五
(18)『恵全』一・四〇一
(19)『選択集』(『昭法全』三一九)
(20)『浄全』一五・三〇下
(21)『浄全』一五・八下
(22)『浄全』一五・一〇上
(23)『浄全』一五・三三上
(24)蓮華化生については水谷幸正稿「蓮華化生について」(恵谷先生古稀記念『浄土教の思想と文化』所収)がある。
(25)『浄全』一五・一一上
(26)『浄全』一五・一五上
(27)『浄全』一五・三六上
(28)『浄全』一五・一二下―一三上

(29)『浄全』五・二一五上
(30)『浄全』一五・三二一下
(31)『浄全』一五・三〇上
(32)『浄全』一五・二八下
(33)『浄全』一五・二五下
(34)『浄全』一五・三四上

源信

次に日本浄土教史上、後世に大きい影響を与えた源信であるが比叡山では、伝教大師最澄によって中国の道邃・行満から天台教学が伝承されて以来、特に止観業の四種三昧の行業が天台の行法の中心をなすものとして修せられてきた。四種三昧はいうまでもなく、中国天台の祖、智者大師智顗によって組織づけられたもので、それが最澄によってわが国に伝えられた。中国では、天台第六祖荊渓大師湛然によって、「諸教所讃多在弥陀」(1)ということから、智顗の四種三昧はさらに浄土教の色彩の濃いものにされてきた。この三昧中、浄土教の立場から特に注目されるのは常行三昧である。これは『般舟三昧経』の所説に基づくもので、口に阿弥陀仏の名を称え、心に阿弥陀仏を念じ、身は阿弥陀仏像のまわりを行道し、歩歩声声念念ただ阿弥陀仏にある行法である。(2)最澄の伝えた止観念仏は天台教学の根幹をなす諸法実相の理を観ずるためのもの、一念三千の観法を成ぜんがためのものであった。すなわち己心を観ずることによって此土において悟りを開かんとするものである。源信の母は道心のあつい人であり、父の遺言もあって出家をしたのは江戸期の伝記では十三歳となっており、良源の門に投じたことは諸伝記に見えている。源信が出家以前から浄土教と深い関連をもった記事が現われているが、源信を浄土教信仰者として捕える伝記作者の意図が見られるように思う。

良源は当時、比叡山で最も有力な学僧であり、後ちに慈恵大師号をおくられ、世に元三大師といわれるが、顕密の奥義をきわめ、南都の学僧と対論してこれを説きふせ、名声大いにあがって天台座主になった人である。良源に師事したことが、源信をして後ちに浄土教に傾倒させる大きな縁由となったと思われる。良源には『九品往生義』があり、天台の立場から『観無量寿経』の九品往生を解釈しており、後世への影響も大きい。

しかし源信については、十三歳出家以後、その学問や思想形成の時期などについて確実なことはわからない。十三歳出家に続いて明確なことは、貞元三年（九七八）三十七歳の時に広学竪義に預り、『因明論疏相違略釈』を著わした。しかし数年後の寛和元年（九八五）四十四歳の時には『往生要集』を著作しているので、すでに深い教養と浄土教信仰をもかなり早い時期からもっていたことは想像にかたくない。『往生要集』は源信四十三歳の永観二年（九八四）から書き始められ、翌年四月に完成するが、丁度その間の寛和元年正月に師の良源が寂しているので、浄土教の信仰は一層強くなり、『往生要集』の内容を確かなものにしているようである。彼が『往生要集』を著わすに至った縁由として、法華信仰と弥陀信仰が全く一つになっていたという当時の時代背景について注目しなければならないであろう。『拾遺往生伝』に、

念を弥陀仏にかけ、心を妙法華に帰し、弥陀宝号を唱え、法華をよむ。(3)

とあるように、この時代は弥陀信仰と法華信仰とが密接に結合して矛盾することなく調和していた時代である。このことは他書にも随所にみられ、いわゆる「朝題目夕念仏」の信仰が一般的であった。源信もこの風潮のもとに『往生要集』を著わしたようであり、そのことは『往生要集』の「送宋書状」に

極楽界を刻念して法華に帰依するもの熾盛なり。(4)

とあることによっても明らかである。

源信が『往生要集』を著わすに至った意趣は、その冒頭に

それ往生極楽の教行は、濁世末代の目足なり。道俗貴賤、誰か帰せざる者あらん。顕密の教法、その文一に非ず。事理の業因、その行惟れ多し。利智精進の人は未だ難となさず。予が如き頑魯の者、豈敢えてせんや。(5)

と、徹底した内省によって、濁世末代の教行はただ往生極楽を願うよりほかにないという宗教的自覚

に見られる。この深い内省的自覚は源信の宗教体験を語る上で注目されねばならないであろう。源信の宗教体験はここを原点としているといってよい。このような愚者としての自覚は、顕密の教法が理解できないから、事理の業因が実践できないからという観点からもたらされるもので、法然が告白するような、阿弥陀仏に帰依せざるを得ない絶対的に愚者なる自覚とはすこし相異するものがある。『往生要集』では、別相観・総相観・雑略観・極略観という色相の念仏を説くことにより、いわゆる事観の念仏を強調した。(6) これは諸法実相の理を観ずる理観の念仏とは異るものである。

この事観の念仏に対して、晩年の『阿弥陀経略記』に説示される念仏は、無量寿の三字に空仮中の三諦が配されることにより、(7) 阿弥陀仏を念ずることがそのまま諸法実相の理を念ずるといういわゆる理観念仏であり、『往生要集』で強調された念仏とは異なる。源信当時は持戒・菩提心・理観・読誦大乗の四行が実践されていたが、源信は『往生要集』で「往生之業念仏為本(8)」といい、四行の根本に念仏があることを強調した。しかし持戒等の四行を全く否定し去ったのではない。「菩提心は浄土菩提の綱要なり(9)」という判断をしていることばがそのまま『往生要集』にみられるのである。その菩提心は諸の煩悩を滅するものであるとする。(10) したがって行者は必ずこの大菩提心を発すべきであり、発したならば、浅深強弱はあっても滅罪して往生が可能となるのである。源信にあっては、往生のためにはこの滅罪が大きな意味をもっている。また持戒についても、十重四十八軽戒を持たば、必ず念仏三昧を助成す。[11]
と、持戒が念仏に助けのあることを述べている。それは、人は浄心なる時は短かく、多くの場合は濁乱であるから、常に浄戒を持つようにしなければならないのである。[12] 往生の要には二善あって、一つは止善で護三業のことであり、二つには行善で、これは称名念仏のことであって、菩提心と願はこの二善を扶助することを説示している。[13] したがって行者に絶え間のない精進努力を求め、随所に「行者努力して懈ることなかれ。」という。それは

行者事に随って心を用うれば、乃至一善たりとも空過なるものなけん。[14]

とあるように、念仏をしながら善根を一つ一つ積んで、それぞれの力に随って修行するならば、渧がやがて大器に満ちるように、心に万善を持すればやがて菩提に至ることを述べており、[15] 源信自らの体験から出たことばであろう。

源信が『往生要集』において往生を願う真剣な態度は、徒らに無量劫を虚しく経過したことに対するいらだちとも思える気持ちからである。人間として生を受けることの因難性、仏法に遇うことの困難性、信心を起すことの困難性の自覚によって、苦海を離れて浄土に往生すべき法は往生極楽よりないとする切実な思いからである。その往生の大事を成しとげるためには、

万術をもって観念を助け、往生の大事を成ぜよ。[16]

というように、仏を観念することが往生の要因となり、その観念を成ずるためにあらゆる行を助けとすべきである。もし仏を観念することができない、ならば、行住坐臥に仏のあることを心にかけて、事々に寄せてその心を勧発するようにつとめるべきであると勧める。[17] 源信自らも、病気の間も

念仏読経退かず。観念の行法懈らず。[18]

という真摯な態度であったという。

念仏の教えは末代を経過して、法滅後の濁世の衆生のために開かれた道であり、[19] 念仏すれば命終の時に必ず彼の国に生ずることができ、無量の功徳を具足する。この故自分は念仏の教えに帰す、と信仰を露呈している。

源信の念仏は、『往生要集』に万術によって観念を助けて往生の大事を成ずることを述べていることからして、事々に寄せて観仏することも称名念仏も含めて観念の助けをなすものとされる。『往生要集』の十門組織の第四正修念仏に続く第五助念方法には念仏を助ける①方処供具②修行相貌③対治懈怠④止悪修善⑤懺悔衆罪⑥対治魔事⑦総結行要の七法が述べられる。とくに持戒し、もし犯せば懺悔する必要がある。「懺法は一に非ず」として白毫の光明を念ずる事の懺悔や、一切の罪性は本来空であり所有なしと念ずることこそ真の念仏三昧であるという。[20] すべて往生の支障となる根本の罪を滅するためである滅罪は往生の条件で良源の『九品往生義』を受けたであろう。念仏を助ける方法の一

つとして懺悔滅罪を説く。これも往生を得る一つの重要な条件の一つとなっている。『往生要集』では、別相観等の観念に絶えられないもののために、

若し相好を観念するに堪えざるものあらば、あるいは帰命の想により、あるいは引摂の想により、あるいは往生の想によって一心に称念すべし。[21]

とあって、称名念仏が認められているのは注目べきである。しかしその本意としては観念の念仏にあり、称名念仏は観念の実践不可能なるもののために開かれているのである。『源信僧都伝』に

往生要集を著し、観念に備う。[22]

とあるのもそのことを意味する。したがって『往生要集』に説示される第五門助念方法の段の最後にある

往生之業念仏為本。[23]

といわれる念仏と、法然が『選択集』の冒頭に

往生之業念仏為先。[24]

といっている念仏とは全く同名異義である。法然のいう念仏は、善導の勧めによる称名念仏である。それは助さされぬ念仏であり、全仏教を一行に統じた結帰一行の念仏であり、選択本願の念仏であるが、源信の念仏は観念の念仏であり、仏教の一実践としての念仏である。念仏を助成するために菩提心・

持戒・理観・読誦大乗等の四行の実践が勧められている。

源信は『往生要集』を著わして以後、幾多の浄土教に関する著作を残したであろう。『恵心僧都全集』に収められている著作も『往生要集』以後のものが多い。しかし著作年代の明確なものは少ないが、著作の傾向をみると、『往生要集』を著わしてすぐに二十五三昧関係のものを二書著わしており、五十歳代になって『尊勝要文』を製作している。著作活動はむしろ後年の六十六歳に入ってからが盛んであり、源信の著作中もっとも尨大な『大乗対倶舎抄』を製したのをはじめ、同年『倶舎疑問』を著わし、一般仏教への関心を示し、翌年には源信の代表的な著作の一つである『一乗要決』を著わし、天台の教義をまとめている。著作年代の明確なものでみるかぎり、浄土教への関心はむしろ遠のいていて、一般仏教からみて天台教学の立場を明確にさせようとする立場を見い出すことができる。しかし浄土教とは無関係と思われる著作でも、これをよく注意するとそれぞれ著作の巻末に偈文が付加されていて、それは西方極楽世界を願う源信の信仰がありありとみられる。たとえば『大乗対倶舎抄』には

我ら安楽国に往生し、
還り来って慈氏尊に面奉し、
法界不二の教を聴聞して

深く無辺の諸法門に入らん(25)

といい、また『一乗要決』の巻末には

我今一乗教を信解し

無量寿仏前に生れんと願う

仏の知見に開示し悟入すること

一切の衆生もまた復た然らん(26)

とあることによって、源信はいつの場合も常に思いを西方極楽世界にかけていたことが知られる。『往生要集』を著わして以来、生涯、浄土教の信仰をもち続けた。

源信の著作には、随所に心を至して努力することを要請しており、源信自身も観念を成ずるために懸命になり、その時々の宗教体験を絵画や彫刻に表わしており、晩年にいたって理観を主体にした浄土教を完成するまで披瀝を経てようやく到達したという感がある。しかし後世の影響を考えあわせると源信の宗教体験の重さに驚嘆の意さえ感じられるのである。

ところで源信は晩年の七十二歳の時、自身が積んできた善業を仏前に奉告している。

阿弥陀念仏二十倶胝遍。奉読法華経一千部。般若経三千余部。阿弥陀経一万巻。奉念阿弥陀大呪百万反。阿羅尼七千反。尊勝陀羅尼三十万反。及阿弥陀小呪。不動真言。光明陀羅仏眼等呪。不

レ知二其数一云云(27)

とあるように、その数を示すことのできないほどの自力作善の功徳を奉告して往生を願っている。源信は長和年中に起居に堪えられないほどの病を受けている。翌七十三歳の時には『阿弥陀経略記』を著わし、無量寿三諦の理観念仏を説き、念仏成仏の教えを表明した。結局、天台の止観的な念仏を説くことになるのである。

〔註〕

(1) 『止観輔行伝弘決』(『大正蔵』四六・一八二下)
(2) 『魔訶止観』(『大正蔵』四六・一二中)
(3) 『日仏全』一〇七、随所に同様文がみられる
(4) 『浄全』一五・一五六上
(5) 『浄全』一五・三七上
(6) 『浄全』一五・七九上
(7) 『恵全』一・四〇一
(8) 『浄全』一五・一〇八上
(9) 『浄全』一五・六九下
(10) 『浄全』一五・七五上
(11) 『浄全』一五・一〇二上
(12) 『浄全』一五・一〇二下
(13) 『浄全』一五・一〇八上

(14)『浄全』一五・七二下
(15)『浄全』一五・七三上
(16)『浄全』一五・八八上
(17)『浄全』一五・九九上
(18)『恵全』五・六五八
(19)『浄全』一五・六七下
(20)『浄全』一五・一〇五上
(21)『浄全』一五・八五下
(22)『恵全』五・六六二
(23)『浄全』一五・一〇八上
(24)『昭法全』三一〇
(25)『恵全』四・八六六
(26)『恵全』二・二一一
(27)『恵全』五・六六五

覚運

覚運（九五三―一〇〇七）は、三千人といわれる良源門下の四哲とされ、また源信と双璧をなす僧である。後世、源信の流れを後ちに恵心流とするのに対し、檀那院に住んだ覚運の流れから檀那流が出現し、中古天台の恵檀両流を形成した。

覚運には、『念仏宝号』、『観心念仏』、『草木発心修行成仏記』、『一実菩提偈』の著作があるとされる。『草木発心修行成仏記』は後世の口伝法門的傾向の強い書で覚運の時代の作ではないとの見かたもある。また他の書についても覚運の確実な書がないので、証明することができなく、久遠実成の釈迦、弥陀などの思想がみられ、時代が下がるとみられている。

覚運の書とされる『観心念仏』には、念仏するにはまず一心三観を修し、次に阿弥陀仏の四字を観じ、ついで名号を唱しまた念ずべきであるという。一心三観を観じて念仏すれば、三諦の即空は報仏、即仮は応仏、即中は法仏を念じ、三仏即一仏、一仏即三仏を念ずることになり、これを円念仏と名づけ、また不可思議念仏という。一心三観の念仏により、五住煩悩を破して三身を顕わすことになる。すなわち四住煩悩を破して報身が、塵沙の惑を破して応身が、無明の惑を破して法身がそれぞれ顕われることになる。阿弥陀仏の名号を観ずるとは、阿は空仮中即報身にして三身を具し、弥は仮空中即応身にして三身を具し、陀は中空仮即法身にして三身を具し、仏は上の三身即一仏であることを指しているという(1)。

覚運の念仏は、天台の一心三観による中道正観のための阿弥陀信仰であり、己心弥陀、唯心浄土にもとづく観心念仏である。

〔註〕

（1）『日仏全』二四・三四三下

(3) 南都浄土教

永観

叡山浄土教を代表する源信（九四二〜一〇一七）に対して南都浄土教を代表するのは永観（一〇三三〜一一一一）であろう。永観は年代的には源信と法然（一一三三〜一二一二）との中間に位置し、法然にも多大な影響を与えた人である。(1)

永観の著作については長西の『浄土依憑経論章疏目録』によれば、『阿弥陀経要記』一巻、『往生拾因』一巻、『地想観文』一巻、『常途念仏記』一巻、『三時念仏記』一巻、『決定往生行業文』一巻、『往生講式』一巻、『往生極楽讃』一巻、『念仏讃』一巻、『念仏勧進縁起』一巻の十部の著作が伝えられていて、いずれも浄土教に関するものばかりである。現在は『往生拾因』『往生講式』のみが存在していて、この二書を中心に考察してみたいと思う。

永観は長元六年（一〇三三）に但馬守源国挙の孫、進士入道源国経の子として生まれた。八歳にして山崎開成寺上人に従って不動明王の呪を受け、睡眠中にも声を出して称えたので上人は前世の行者といって驚嘆したという。十一歳で禅林寺の法孫大僧正深観（東大寺別当）に師事し、翌十二歳の時、東大寺で具足戒を受け、三論宗に入り、また唯識因明倶舎等を学び、仏教の広い知識を若くして身につけた。その修学は光明山に閑居する三十二歳ごろまで続いたと思われるが、すでに十八歳にして研学の間に毎日一万遍の仏名を称え、毎月十五日には斎戒を修したといわれるから、この頃にはすでに念仏信仰に入っていたと思われる。しかもそれは仏名を称える浄土念仏の信仰であった。光明山に入るまでに、二十五歳で平等院の番論義に参じ、三十二歳の時には法成寺の竪義に参加している。しかし、その後、突如として光明山寺に隠棲してしまうのである。光明山寺は京都と奈良の境にあった東大寺の別所で、南都浄土教の盛んに行われたところである。(2) 永観が光明山寺に隠棲した理由については判然としないが、僧侶と貴族社会との密着からくる厭世観とも考えられ、また、後ちに維摩会の講師をことわっていることからすれば、念仏の実践の妨げになると考えたのか、そのあたりのことがすべて含まれた複雑な気持から、真に宗教的に生きようとする求道的決意をもって光明山寺に入ったと思われる。十八歳の時から浄業を修していたということであり、後ちに『往生拾因』で主張する「一心」の獲得が、すでに光明山寺の入山という形で、三十歳すぎに実現したことになる。つまり、余行余業はすべて整理し、浄業のみを修することに専念したいという気持であったことが想像され、彼がいかに「一心」の獲得に心血を注いだかを知ることができる。永観の宗教体験を探るにあたって、この「一心」の獲得が注目され、どのような形でどのようにしてこの「一心」を獲得しようとしたか、後ちに考察してみたいと思う。

光明山寺において十年近い浄業を終えた永観は、四十歳で禅林寺へ帰ったが、なぜ光明山寺を辞して禅林寺に入ったかについても明らかでない。禅林寺へ帰った永観は、その一隅にある東南院に住して浄業を修したといわれる。この年以来、健康にすぐれず、病弱な体となったが、永観はかえって厭世観を強くして、一層浄業を修することに専念した。そこに永観の精神力の強さが感ぜられるが、このような精神力の強さは、浄業を修することにより、「一心」を獲得しようとする求道心の確かさに起因するものであろう。

病至らば無常を怖れて十念を退せず。…………無常すでに近づいて、まさに病床に臥せんとする暮には、西に対面して深く十念の頭を恃《たの》むべし。(3)

とあって、病のたびに無常観を強くし、専ら浄業を修したことが伝えられ、悲愴とも思われる念仏者の決意が窺われる。

維摩会講師に任ぜられたのは五十四歳の時であるが、念仏の妨げになるとしてこれを辞退した。次いで六十七歳の夏にも権律師を授けられたが、これも辞退し、その翌年、東大寺別当に補せられたが、これをも辞退するなど、一切の名声を退けて念仏行に専念した。ただ東大寺別当職の辞退は朝儀がこれを許さなかったため、気が進まないまま三ヵ年の責任を果して辞任し、再び浄業に専念したという。

このあたりの消息を

この永観は名聞の念を捨てたる人なり。さすがに君にも仕え知る人をも忘れざりければ、世に聞えず。深山に蚓蚊隠れんとは為さらざりけり。東山禅林寺と云う所に籠居しつつ、心閑にして念仏せられける。(4)

と語っており、閑静なところで一心に念仏したことが知られる。永観は六十八歳以後、浄業の間に著作を残しているが、『阿弥陀経要記』『往生拾因』各一巻は寝食を忘れての著作で、まさに信仰体験告白の書といってよく、この期を前後にして他の著作も著わされたのではないかと思われる。『阿弥陀経要記』の内容より判ずるに、「一心不乱に執持名号する」という『阿弥陀経』の文に注目し、ここにすべてを投げうって実践していたのではないかと思われる。その念仏の仕方については『往生拾因』に

予、先賢を知らんが為に、独り閑室に在って西に向って目を閉じ、合掌して額に当てて励声に念仏して、即ち一心を得たり。敢えて以て乱れず。(5)

とあるように、閑静な場所で、励声に念仏している。それは彼が目的とした「一心」を得るためである。今ここに「一心を得たり」とあることからすれば、永観は『往生拾因』を書くころには「一心」を得た境地に入っていたことがわかる。これは永観の宗教体験を物語る貴重なことばであると思う。すなわち前述のことばのあとに

余言を雑えずして励声に念仏せば、当に自ら証あるべし。[6]

と言っていることからしても確信のほどが窺われる。このような確信にみちたことばは、自らの体験を通ずることなくして語れるものではない。

ところで、ここにいう「先賢」とは誰を指すのであろうか。これについては永観の次のことばによって解決がつく。すなわち

道綽の遺誡に依って火急に称名し、懐感の旧儀に順じて励声に念仏す。[7]

とある。道綽の『安楽集』を数度にわたって『往生拾因』に引き典拠とし、また懐感については、その実践の仕方に強い影響がみられる。すなわち永観は自ら強調する三昧発得の成じ易い方法を懐感の念仏の修し方に求めている。三昧発得については後ちに述べるが、永観の念仏の仕方は、

一切の時処に一心に称念すべし。[8]

とあるごとく、また

散心は事成じ難く、専念は業成じ易し。[9]

とあって、全く一心専念に、念仏するところにある。しかし、

身の浄不浄を簡ばず、心の専不専を論ぜず。称名絶えざれば必ず往生を得。[10]

とあるように、一方では一心専念なるあり方とは異った実践を認めており、後ちの法然の散心念仏の

先駆をなすと思われる思想も見出される。しかし概して永観の実践のあり方は一心専念にあり、それは随所で「一心」の獲得につとめることが説かれることによっても明らかである。しかも『往生拾因』を著わす頃には、少なくとも「一心を得たり」とする境地に達していて、確かな信のあらわれをみることができる。そして「一心を得たり」とする確かな信の背景をなすものとして阿弥陀仏の本願に遇うということがある。「一心」を得ることは自らの働きかけのようであるが、むしろかえってそのことと仏の側からの働きかけとの一致の中にかもし出されるものであることを知らねばならないのではないか。その確信を示すものとして

幸いに今、弥陀の願に値えり。渡りに船を得るがごとく、民の王を得るがごとし。(11)

とあり、さらに

幸いにも今、この願に遇えり。子の母を得るがごとし。……………今、すでに値うことを得たり。知んぬ、往生の時至れることを。歓喜踊躍して西に向って合掌し、声を挙げて十念すべし。(12)

とある。すなわち、往生を可能ならしめるものとして、励声に念仏することによって阿弥陀仏の本願に遭遇することが重要な条件としてあげられている。しかも『往生拾因』では永観自身その本願に遇った確信をもち、『無量寿経』に説かれる往生人の歓喜踊躍の心を得たもののようである。阿弥陀仏の本願に遇うということは一つの宿縁とみているようで、

宿縁深きを恃んで、まさに一心に念仏すべし[13]。

とある。このように阿弥陀仏に見護られながらの念仏行であるという確信が永観にはみられると思う。そういう意識から、

心怯弱せず、ただ決定往生の想いをなすべし[14]。

とか

臨終には永く衆事を息めて。ただ一心に決定往生の想いを作すべし[15]。

とあるように、「決定往生の想い」をもつにいたるのである。特に臨終の間際になれば、すべての事を休息し、「決定往生の想い」をなせということであるから、このような境地は永観の立場からみればもはや三昧を発得したもののみが到ることであろう。ここでは念仏することも不要になるとみられ、ただ阿弥陀仏に必ず救済されるという想いのみが残り、その想いが往生を決定するのである。これには三昧発得ということが大きな位置を占めると思われる。永観によれば、三昧発得は往生を決定する上に三業相応とともに重要なポイントを占めている。三業相応については、吉蔵の『法華玄論[16]』のことばを引いて、舌を動かす身業、声を発する口業、意を経る意業の三業が相応することによって往生が可能となる旨をのべている。天台の「歩歩声声念念[17]」という三業のあり方と少々相異がある。三業相応は永観にとって往生に不可欠であるが、これも結局は三昧発得のための行体となるもので、三昧

発得するか否かは往生の得否に重要な条件となっている。

永観にとって三昧発得を重視するのは、このように往生の得否にかかわるものであるからであり、それは中国浄土教者に範を求めていると思われ、しばしば善導・懐感について触れている。とくに三昧発得の聖者であり、三昧発得する方法を求めている。善導については

和尚はすでにこれ三昧発得の人なり。豈に、謬あらんや。故に一心とはただ等持定なることを。ここに依って行者余の一切の諸願諸行を廃して念仏の一行に唯願唯行すべし。散漫の者は千に一も生ぜず。専修の人は万に一も失することなし[18]。

とあるように、その専修性を受けており、さらに懐感については、『群疑論』を引いて、

念仏定を学せば声をして絶えざらしめよ。ついに三昧を得て仏聖衆を見ん。故に大集日蔵分経に言く。大念は大仏を見、小念は小仏を見る。大念とは大声称仏なり。小念とは小声称仏なり。これ即ち聖教なり。何の惑いあらんや。現に見るに即ち、今諸の修学者励声に念仏すべし。三昧成じ易し。小声称仏はついに馳散多し[19]。

とあり、『私聚百因縁集』の永観伝にも同様のことが伝えられているが、ここでは『大集経』に影響をうけた懐感の称名念仏の励声なる称え方を継承し、自らも修し他をも修せしめている。このように善導の専修なるあり方と懐感の念仏の称え方とを受けた念仏によって三昧発得し、往生が可能だとす

る立場で一心に念仏した永観は、まさしく「念仏宗永観」と自ら称した態度に偽らない宗教的な生き方であった。そのため『往生拾因』にしばしばみられる「一心を得たり」とか「すでに値うことを得たり」とか「幸いに今弥陀の願に値えり」という確乎たる信を得て、深い宗教体験に入ったと思われる。称える念仏の優勝性については、

一切の如来は阿字を離れず。故にここによって念仏は諸仏に護念せらる。[20]

といっていることからもわかる。諸仏に護念せられる念仏として永観は一心に称えた。

ところで、「弥陀の願に値う」「諸仏に護念せらる」など、仏と衆生との関係については、人格的呼応関係のように受けとられるが、永観の場合、はたしてそれが本音であっただろうか。永観は三論宗の立場の人であり、人格的呼応関係のようにとらえられる基盤に無相的なとらえ方がなされているのである。すなわち

ただ衆生の心のみに非ず、諸仏の心もまた空なり。凡そ心性一味にして迷悟不二なり。仏心中の衆生は迷迷にして所迷なく、衆生の心中の仏は悟悟にして所悟なし。実に心性空にして不生不滅不常不断不一不異不来不去なり。相として得べきなく、畢竟無念なり。無念を以ての故に即ち染着なし。染着なき故に自性清浄なり。[21]

とあり、八不中道により迷と悟の関係を論ずることによって、仏と衆生とは本来一如であることを述

べている。したがって「心の外に仏を念ずべからず[22]」であり、

かくの如く大悲と般若とに常に輔翼せられて十地究竟し、万行円満せん。等覚の夢一たび覚めぬれば、彼岸として至らざるという所なし。これすなわち本覚の如来なり[23]。

とあって、本覚の如来を自らの内に顕現することが、永観にとって往生であり、この断定的な言い方の中に、本覚としての如来が顕現する深い宗教体験の深さを見い出すことができる。仏と自己とが本来一如であるという洞察は妄念のあるところには顕現しないため、永観も滅罪について

設いこれら重罪悪業あれども、至心信楽し南無阿弥陀仏南無阿弥陀仏と称念すれば、念々の中において皆消滅することを得たり[24]。

といっており、念仏を称える中にすべての罪が消滅するとして、持戒等の他の方法に依らないところは後ちの法然への影響の強さを感ぜしめる。もちろん全く余行によらないのではなく、念仏三昧を滅罪のもっともよい方法としているのである。念仏三昧による滅罪によって、仏と自己とが不二なることを自覚するのである。

今諸法無自性を以ての故に法性に阻なく、法界一相なり。一相なるが故に心に分別なし。分別なきが故に妄念即ち止んで奉来の平等法身を頓悟す。仏と衆生と同体無異なり[25]。

と、そのあたりのことを述べている。

このように永観は三昧発得を得ることによって本覚の如来を顕現し、深い体験を得たものと思われ、「励声に念仏せば自ら証あるべし」とあるように、永観の宗教体験から出た自信あることばが見い出せる。永観は『往生拾因』の第十因として「一心に阿弥陀仏を称念すれば、随順本願の故に」の一段で『無量寿経』の法蔵菩薩の第十八願をあげ、この文についての善導の「一心専念弥陀名号是名正定之業順彼本願故[26]」を引用し、善導が「仏願」としているのを「本願」と置きかえ、日本ではじめて「本願」の語を用いている。しかし、

仏前に於て仏名を称する時、貪瞋の境を縁じて心もし狂乱せば、本尊に耻じて速かに信心を至すべし[27]。

と、三昧発得を得るために、永観自身も心が散乱したことが窺えることばがあり、またそのために「一心」を得ることに懸命であった態度が想像できるのである。「一心を得たり」とか「弥陀の願に値えり」といった確信にもかかわらず、その確信にもぐらつきがかなりあったのではないだろうか。晩年にいたっても、

臨終も近く致らば、往生の期も若きよりも弥々念仏数遍日数勤むとも、立ちて増し侍らばこそ喜ばしからぬ。かくの如くあらば、年弥々老衰して、この励み思いの様ならず[28]。

と、体験のぐらつきがあったと思われる。したがって前述のように、永観は好んで閑静な場所で、し

かも励声念仏することにつとめたのであり、またその方法も「目を閉じ合掌して額に当てて」雑念を捨てて修するものである。合掌した両手を額のところに当てて念仏する姿には三昧発得を何としても得たいという一種の悲願とも思われるほどの痛い心情が伝わってくるのである。

このように永観にとって念仏は、往生のための直接的な要因ではなく、滅罪することにより三昧発得を獲得するためのものである。自性清浄なる心を顕現するという三論宗の立場を踏襲しているため、浄土教のもつ易行性と自性清浄心を顕現する因難さとの間にあってのとまどいとも思われる動揺が宗教体験のぐらつきをおこさせるのではないか。その点後ちの法然に至っては、善導を同じように踏襲しながら、未断悪のままの凡夫の往生を認めて、念仏するところにすべてを帰せしめて仏の救済の力にまかせきるところに安心立命するあり方とは異なったものがある。

〔註〕

（1）藤堂恭俊稿「禅林寺永観律師の浄土教思想」。
永観については香月乗光稿、明山安雄稿、大谷旭雄稿等の諸研究がある。『浄土仏教の思想―永観』参照。

（2）光明山寺については井上光貞著『日本浄土教成立史の研究』に詳しい。

（3）『浄全』一五・三九二上。

（4）『大日本仏教全書』一四八・一四九下。

（5）『浄全』一五・三八六上。

(6)『同右』一五・三八六上。
(7)『同右』一五・三七一下。
(8)『同右』一五・三七一下。
(9)『同右』一五・三八四上。
(10)『同右』一五・三七五上。
(11)『同右』一五・三七一下。
(12)『同右』一五・三九二上。
(13)『同右』一五・三八〇下。
(14)『同右』一五・三八三下。
(15)『同右』一五・三八四上。
(16)『大正新修大蔵経』三四・四四九上。
(17)『大正新修大蔵経』四六・一二中。
(18)『浄全』一五・三八四下。
(19)『同右』一五・三八五下。
(20)『同右』一五・三七二上。
(21)『同右』一五・三八八下。
(22)『同右』一五・三八九下。
(23)『同右』一五・四七二上。
(24)『同右』一五・三七八上。
(25)『同右』一五・三八八上。
(26)『同右』一五・三八五上。
(27)『同右』一五・三九一下。佐藤哲英著『叡山浄土教の研究』参照。
(28)『大日本仏教全書』一四八・一五一上。

珍海

次に永観と同じ三論宗に珍海（一〇九一―一一五二）がおり、法然に近い念仏を説いている。珍海は、永観―慶信―覚樹―珍海と次第する学系にあるとされ、また華厳、法相、因明、密教に通じていたといわれる。珍海の著作は多数あるが、浄土教に関しては『決定往生集』『菩提心集』『安養知足相対抄』が現存している。

珍海の求めたものは念仏を中心とする往生の決定である。往生を決定することこそ浄土の宗旨であると『決定往生集』に述べている。その決定を示すために①教文②道理③信心の三決定があるとする。①教文による決定は『称讃浄土経』『観無量寿経』『大乗起信論』によって必ず往生が決定するという文をあげ、文証としている。②道理として凡夫は卑劣であって往生に堪えられないとすれば出離の縁は閉されてしまう。しかし教えによって往生を願えば必ず往生が得られるのである。またそのためには③凡夫は仏の悲願力を信受する必要がある。この三決定によって、往生が決定するが、この決定の義を十門に分けることができるとして㈠依報決定㈡正果決定㈢昇道決定㈣種子決定㈤修因決定㈥除障決定㈦事縁決定㈧弘誓決定㈨摂取決定㈩円満決定の十決定があるとする。㈠から㈢は果、㈣～㈥は因、㈦～㈨は縁、㈩は総じての決定である。㈤の修因決定にさらに六門があり、惣明修因、別明菩提心、明往生正業、明修業相、明称名相、明念分斉をあげている。

十決定の(ア)依報決定では、往生する浄土について述べているが、西方浄土について、

西方有二世界一名云二極楽一。七宝荘厳五塵殊妙。阿弥陀仏願力所レ持世俗凡夫浄業生処。一師名云二凡夫事浄土一。一師名為二凡聖同居土一。土雖二清浄一猶是麁浅。大如二此界諸天所居一。但以二有仏無仏一為レ異。故諸凡夫為二見仏一故修二浄業一者皆得二往生一。[1]

と述べ、一師は事浄土といい、また一師は凡聖同居土といっているが、いずれも麁浅の土であり、諸天の所居の如きであり、有仏無仏の異なりがあり、凡夫が見仏すれば往生できるという娑婆世界と隔てない浄土観を示している。事浄土を説く一師は浄影寺慧遠が『大乗義章』の浄土義において、事浄土、相浄土、真浄土と述べていることに由来し、もう一師の凡聖同居土は天台智顗の『維摩経略疏』等に、凡聖同居土、方便有余土、実報無障礙土、常寂光土の四土を説くことに由来している。浄土観については珍海には弥勒の兜率浄土と安養極楽浄土とを比較した『安養知足相対抄』がある。『安養知足相対抄』には、①本願異②光明異③守護異④舒舌異⑤衆聖異⑥滅罪異⑦重悪異⑧教説異の八異をあげている。また迦才の七異や『往生要集』所説の懐感の十異などをあげ、西方極楽浄土の優勝性をあげている。そしてその要点を述べて①境②心③魔④事縁⑤無濫⑥疑心⑦経教の七種の勝劣があるという。ところが西方兜率の二処往生はともに仏の勧めることであり、人は願うところによって修行するのであるからすべて利益を得るのである。したがって

如レ志二求兜率一者。勿レ毀二西方行人一。西方願生者。莫レ謗二兜率之業一。各随二性欲一任レ情修レ学。莫二相是非一。(2)

と述べ、互いに批判することを禁じている。すなわち西方兜率の往生の勝劣を論ずるよりそれぞれの目指す浄土を求めることが最要であるとしている。『安養知足相対抄』には善導の「雑業の者は万に一も生せず。専修の人は千に一も失なし」とする文を引きながら阿弥陀仏の浄土については、

又報浄土生者極少。化浄土中生者不レ少。(3)

として、報土往生は困難であることを示している。そして

雑修之者多不レ生二報土一。処胎経説拠レ此以明。雖二雑修之者一多生二化土一。観経等意拠レ此而説。(4)

といい、雑修の者は報土へ往生することが困難であるので、化土への往生を求めることとなるが、これは『観経』等の意であると述べ善導に注目しながら異なった解釈をなしている。

また決定往生の十門の第五修因決定においてはこの中にまた六門があることを述べたが、注目すべきは六門中の第二に菩提心を発すことを求めていることである。吉蔵や浄影が菩提心を重視しているのを受け、

要以二無上大菩提心一為二其往生之正因一耳。(5)

といっている。源信も『往生要集』に

今既願レ生二浄土一故先須レ発二菩提心一也。已上当レ知。菩提心是浄土菩提之綱要。(6)

と述べている。珍海は『安養知足相対抄』の末尾にも菩提心の重要性を強調している。菩提心が強調されるのは、三論教学大成者の吉蔵の『観経義疏』に往生浄土には菩提心を発することを要因としており、三論宗の基本としているからである。

さらに第五修因決定の第二菩提心に続く第三往生正業では、善導の五種正行を引き、とくに称名正行の

一心専念阿弥陀名号。行住坐臥不問時節久近。念念不捨。是名正定之業。順彼仏願故。(7)

の文を引いて「称名は実にこれ正中の正なり」とまでいっている。しかし一方で経典を読誦書写したり、大乗の神呪なども純一の意楽として三福業と同じ助業としている。

〔註〕

(1)『浄全』一五・四七五下。『浄土仏教の思想―永観・珍海・覚鑁―』参照。
(2)『大正蔵』八四・一一七中
(3)『大正蔵』八四・一一八上
(4)『大正蔵』八四・一一八上
(5)『浄全』一五・四八七上
(6)『浄全』一五・六九下

(7) 『浄全』一五・四九〇上―下

(4) 密教浄土教

覚鑁

次に密教浄土教において重要な見解を示したのは覚鑁(一〇九五―一一四三)である。覚鑁は仁和寺成就院の寛如の門に入り、また興福寺の恵暁について倶舎、唯識を学び成就院にもどり十六歳の時寛助のもとで出家得度し覚鑁と名のる。再び興福寺や東大寺で法相、華厳、三論を学び、二十歳で高野山に登り、極楽を期していた青蓮につき密教を修めた。後ち明寂、賢覚について広く密教の奥義を学んだ。その後、覚鑁は即身成仏と往生浄土という相反する教えをどう整合させるかが課題となった。覚鑁には多くの著作があるが、浄土教関係の文献として『五輪九字明秘釈』と『阿弥陀秘釈』とがある。『五輪九字明秘釈』の巻頭に

大日帝王之内証。弥陀世尊之肝心。現生大覚之普門。順次往生之一道。(1)

とあり、密教の現生大覚の教えと順次往生を求める二つの道の両者を合一する教えである。

すなわち

密蔵大日即弥陀極楽教主。当レ知。十方浄土皆是一仏化土。一切如来悉是大日。毘盧弥陀同体異名。極楽密厳名異一処。妙観察智神力加持。大日体上現二弥陀相一。[2]

といい、大日如来を十方浄土をおさめとる仏としながらも、大日と弥陀は同体異名であり、密厳浄土と極楽浄土は異名一処とするのである。そして

上尽二諸仏菩薩賢聖一。下至二世天龍鬼八部一。無レ非二大日如来之体一。開二五輪門一顕二自性法身一。立二九字門一標二受用報身一。既知。二仏平等。豈終賢聖差別哉。安養都率同仏遊処。密厳華蔵一心蓮台。惜哉古賢諍二難易於西土一。悦哉今愚得二往生於当処一。重述二秘釈一意只在レ此。[3]

といい、大日の五輪の真言と阿弥陀の九字の真言は平等同一体であり、この真言を十門にわたって解釈するのである。①択法権実同趣門②正入秘密真言門③所獲功徳無比門④所作自成密行門⑤纔修一行成多門⑥上品上生現証門⑦覚知魔事対治門⑧即身成仏真行門⑨所化機人差別門⑩発起問答決疑門の十門である。この中②正入秘密真言門では大日の五字の真言と弥陀の九字の真言とを解釈し、五輪具足即身門と九字九品往生門の関係を述べている。

『阿弥陀秘釈』には、阿弥陀仏は自性法身観察智体とし、

迷悟在レ我。三業外無二仏身一。真妄一如。五道内得二極楽一。覚二此理趣一。即時心是名二観自在菩薩一。於二有為無為諸法一。即覚二一心平等理一。無二障礙一故。此心究竟。離二分別取著一。而証二性徳一心一故。

名為二阿弥陀如来一。是大意也(4)。

といい、仏界と衆生界とは二而不二不二而二の存在であるとする。そして阿弥陀は十三の名に翻訳されているという。阿弥陀仏は法身とされ、①無量寿仏②無量光仏③無辺光仏④無礙光仏⑤無対光仏⑥炎王光仏⑦歓喜光仏⑧智慧光仏⑨不断光仏⑩難思光仏⑪無称光仏⑫清浄光仏⑬超日月光仏といい、『無量寿経』所説の十二光仏に無量寿仏を加えて十三仏としている。また阿弥陀の三字を称えれば無始以来の重罪を滅し無終の福智を得、弥陀一仏と速やかに無辺性徳を満ずるという。

阿弥陀の三字についてさらに阿字は一心平等本初不生の空の義、因の義であり、弥字は一心平等無我大我の仮義、行の義であり、陀字は一心諸法如如寂静の中の義で果の義であるとし、阿弥陀の三字と天台で説く空仮中との関係を述べている。そして字義を離れて字相なく、字相を離れて字義なしとして、濁世末代の者は常に平等法界を観ずる仏道に入るべきであると結んでいる。

実範

覚鑁と同時代に出た密教の学僧に実範（?—一一四四）がいる。実範は中の川に成身院を創設し、多くの著作を残している。晩年には東大寺の別所の光明山寺に住した。光明山寺は永観や重誉も住し、南都浄土教者の集まるところであった。実範の浄土教関係の著作に『往生論五念門行式』があるが、現存しないとされてきた。ところが佐藤哲英氏により龍谷大学所蔵の『念仏式』と名づけられる文献が実範の『往生論五念門行式』と推定された。『念仏式』は『往生要集』の影響の下に著わされ、白毫観を背景にした念仏が説かれる。実範には失われた文献であるが、『眉間白毫集』があったことが知られている。現存の『念仏式』は五念門による行法が説かれるが、首部が欠けており、礼拝門は不明である。『念仏式』の大部分を占めるのは観察門であり、源信の色相観からはじめ、法身仏を念ずることを述べている。

『念仏式』のあとを受けて著わされたのが『病中修行記』で、真言行者が病中に心得るべき八ヶ条の修法が示される。この八条の中に「可レ念二阿弥陀四種曼荼羅相一事」があって阿弥陀仏の四身一体の眉間に吽字があり、変じて白毫相に成るという。その白毫相を観念することが説かれる。阿弥陀仏の白毫の光明は念仏の衆生を摂取するという『観経』の文に基き、善導の親縁、近縁、増上縁の三縁釈を引いて白毫相を知るべきことを述べている。そして白毫相は四曼荼羅と具足して相い離れないとする。

當レ想ニ フ。彼ノ佛ノ四身一體ノ眉間ニ有リ二𑖀字一。變メ成シ二白毫相一ト。右施テ婉轉メ如シ二五須彌一ノ。有リ二八萬四千随好一。有リ二七百五倶胝六百萬ノ光明一。一一ノ光明遍ク照シ二十方世界念佛ノ衆生一チ攝取メ不レ捨テ攝取ニ有リ二三意一。彼此ノ三業不シテ二相捨離セ一名ク二親縁一ト若シ願ハ見レント佛テ應メレ念ニ卽チ現スルヲ名リ二近縁一ト。諸ノ邪業ノ繫無キテ二能ク礙ル者一名リ二増上縁一ト也應レニ知ル彼ノ佛ノ眉問ノ毫相四曼具足ノ各不二相ヒ離一シ其ノ色鮮白ナル大曼荼羅ナリ利益ノ表示ハ是レ三昧耶ナリ軌範トナリテハ令レ生セ二此ノ解ヲ一法曼荼羅ナリ。峙デ二面首ヲ一攝スル二衆生ヲ一是ヲ為二羯磨ト一。又放ツテ二光明チ一名ク二見佛ト一。彼ノ光覺二悟ノ命終ノ者テ一。念佛三昧必ス見レ佛テ。命終之後生ス二佛前ニ一。應レニ知ル此レ亦事業曼荼ナリ。仰キ願クハ我カ心ノ本尊毫相四曼一一ノ利益是レ不二唐捐ナラ一。必ス垂二攝取覺悟ノ事業ヲ一[5]

とある。実範のいう四身は自性身、自受用身、他受用身、変化身であり、その四身一体となって白毫相に変じて四曼荼羅と相い離れないとし、その色が鮮白の故に大曼荼羅、利益の表示の故に三昧耶曼荼羅、軌範となって生ぜしむる故に法曼荼羅、首を峙して衆生を摂する故に羯磨曼荼羅であるという。白毫相が吽字で表示されるのはおそらく空海の『吽字義』に依るからであろう。『吽字義』には

此吽以二四字一成二一字一。所謂四字者阿訶汚麼。阿法身義。訶報身義。汚応身義。麼化身義。挙二此四種一摂二彼諸法一無レ不レ括。且以二別相一言。以二阿字門一摂二一切真如法界法性実際等理一無レ所レ不レ摂。以二訶字門一摂二一切内外大小権実顕密等教一無レ所レ不レ摂。以三汚字門摂二一切行三乗五乗等行一無レ所レ不レ摂。以二麼字門一摂二一切果法一無レ所レ不レ摂。理理尽持事事悉摂。故名二総持[6]。

とあり、阿、訶、汚、麼の四字は、法身、報身、応身、化身、そして一切の理、教、行、果法を摂し尽くして吽一字に集約したので、四字の功徳すべてを内摂している。また先きの覚鑁に阿弥陀の三字に空仮中三諦などの一切の功徳が内摂しているとする法がみられたが、実範にも『病中修行記』に説

かれる。

若処二字義一。三字真言。初阿為レ体。余是転釈。阿不生義。即是中道。弥吾我義。及自在義。陀如
如義。及解脱義。[7]

といい、阿弥陀の三字に種々の義をもたせている。

〔註〕

（1）『大正蔵』七九・一一上
（2）『大正蔵』七九・一一上
（3）『大正蔵』七九・一一上―中
（4）『大正蔵』七九・四八上
（5）『真言宗安心全書』下・七八三
（6）『大正蔵』七七・四〇七上
（7）『真言宗安心全書』下・七八四

六、法然当時の浄土教の諸問題

法然当時における諸宗の教えについて概観してきた。はじめに諸宗の基本的教えについて概観し、ついで法然が黒谷や南都において修学した時の問題点について確認し、法然が当時の仏教界に求めて得られなかったことは何であったかを探ってきた。法然の求めたことは、仏道修行者として当然修めるべき三学すら修することのできない凡夫がいかにさとりを開くかという平等性であった。一部の力量のある者のみ対象となる仏教ではなく、誰もが関われ救済される教えを求めていた。おそらく法然は叡空からの手ほどきで『往生要集』によって浄土の法門に入ったと述懐しているので、すでに南都への求法の折にも浄土教への関心が向けられていたと思われる。嵯峨釈迦堂における参籠の後の南都遊学では諸宗における浄土教について尋ねたと思われる。諸宗の碩学が法然の質問に応えられなかったのは、自宗の教えについて精通していても、自宗の浄土教については不案内であったのではないか。

法然は当時の南都北嶺の諸宗を訪ねたが、どこに問題があったのかについて検討を加えた。まず叡山浄土教であるが、最澄の伝えた常行三昧の止観念仏、続く円仁も同じ止観念仏を伝えた。止観念仏は阿弥陀仏の世界を観念して中道を正観する念仏である。ただ円仁の常行三昧の念仏は、五台山に伝えられていた称える工夫をこらした音楽的な念仏である五会念仏であった。このことが後世へ影響を及ぼし、称える念仏の発展となった。いずれにしても心をこらして仏の世界や真如の世界を観念する念仏は乱想の凡夫には困難な実践である。

続いては源信の師良源の『九品往生義』は智顗作と伝える『観経疏』の九品段を解釈したもので、往生の条件として滅罪が強く説かれた。続く源信は『往生要集』を著わし、日本浄土教史上、後世に大きい影響を与えた。源信は『往生要集』に色相観、すなわち仏の相好を観念する念仏を説いた。また一方で帰命想、引接想、往生想による一心の称念、すなわち称名念仏の道も開かれていた。『往生要集』の本意は称名念仏にあると受けとめた法然ではあったが、乱想の凡夫の往生については道綽や善導に譲って源信自身は委しく述べていないとし、源信の念仏にすべてを委ねることができなかったのである。

叡山を下りて南都へ趣き、永観や珍海等の浄土教を学んだ。永観は自ら念仏宗永観と名のり、真摯に称名念仏を実践した。しかしその念仏は念仏三昧により仏との不二一体となるためのことであった。そのためその境界は一心を得ることで成就すると考えられ、念仏三昧を発得することが求められた。

珍海は、法然をして回心せしめた善導の『観経疏』にある「一心専念弥陀名号行住坐臥不問時節久近是名正定之業順彼仏願故」の文に注目しながら、本願念仏に徹底せず、雑行とされる写経等も助業として位置づけている。また求める浄土も兜率浄土より極楽浄土が勝れているとしながらも、報土を求めるのは困難として化土への往生を勧めることが『観経』の意であると述べ、善導とは異なる解釈をしている。また往生のためには菩提心を正因としており、源信と同じ位置づけをしていて往生の条件となっている。

一方、真言密教では覚鑁や実範があり、覚鑁は仏界と衆生界は二而不二不二而二の境界であり、大日弥陀二仏もまた同体異名、密厳浄土と極楽浄土は異名同所として一体とする浄土教が説かれる。すなわち大日如来と法身同体とする浄土教である。覚鑁において成仏教と往生教との整合についてどのようにとられたのであろうか。現生において大日の法身と入我我入の即身成仏と阿弥陀浄土への往生には一見矛盾する立場があるのではないかということについて、その合一に苦しんだようである。その整合性について

成仏と往生とが、実際に一緒にできることはあり得ないのであって、そのあり得ないことが覚鑁に起こっているという想念が前述した物凄さという表現の意味である。というのは、成仏していれば往生はないのだから、もし往生したとすれば成仏していなかったということになり、他方、成仏していなければ、往生もおぼつかない（往生が成仏に包摂せられていれば）はずだから、覚鑁は往生すら確信を持てなかったのではないかという疑念である。これは実際、覚鑁が死後地獄に陥るかもしれないと考えて、弟子たちに追善回向を頼んでいるということと関連してくる問題で

ある。(1)

とあるように、整合性に苦しみ、安心を得た信仰生活であったか否か疑問の起きるところである。

また同年代の実範は、法然が南都へ遊学した折に訪ねた師とされる向きもあるが、実範は法然の十一、二歳の時に入寂しているので無理がある。実範は、自性身、自受用身、他受用身、変化身の四身一体として現じた阿弥陀仏の白毫相を観念する念仏が説かれているが、これも凡夫のよくするところではない、ただ実範をめぐる人脈から法然との種々の関わりがあるようであり検討を要する。

以上、検討してきたことを次に整理してみる。まず法然の立脚点が父時国の自他ともに救われる道を求めよということばにあり、生涯の課題になっていた。父はいささか本性に慢ずる心があって当時の稲岡の庄の預所明石の源内武者定明をあなどって礼をつくさなかったのであり、定明もまたこれを遺恨に思い、時国を夜討ちするという非業の輩となり、このような人を含めて日ごろの生活におわれる一人ひとりが平等に救済される道を求めていた。それは仏道修行をする専門家の道ではなく、仏の誡めを一戒もまもることのできない凡夫がいつでもどこでもだれでも救済される道であった。この視点から諸宗の教えについての問題点を次にあげておきたい。

①真如観による観法―真理そのものを観念する。

法然は、わろきものとか往生には無益として退けている。

②実相観による観法―万物万象の如実の相を観念する。
法然は、乱想の凡夫には困難とする。
③色相観による観法―仏の相好を通して真身を観念する。
法然は、はじめはいたずら事をしたが、今は但信の称名という。
④往生成仏の条件として三昧を発得すること。
法然は、善導に依る理由に三昧発得の聖者であるからとするが、往生成仏の条件とはしていない。
⑤往生成仏のためには仏戒を持つこと。
法然は、自身を一戒も持てない凡夫と自覚。一方で小罪をも犯さじといい、自己を厳しくみることを求めている。
⑥往生成仏のためには懺悔滅罪が必要。
法然は、人間の性としてもつ煩悩は自力で取り除くことができないとして未断悪の凡夫の往生を求める。
⑦所依の経論は勝れたものを選ぶ。
法然は、釈尊の教えはいずれも生死を解脱する法門で優劣はなく、機をはかって選ぶ、すな

わち能力に合う教えがもっともよいとする。
⑧求める仏国（浄土）を種々に分類し凡夫の報土往生は認めない。
法然は、阿弥陀仏の因位の願行に報いて現われた報土に往生できるとした善導説による。
⑨往生成仏のためには菩提心を発すことが必要である。
法然は、真正菩提心は凡夫には発せない。極楽に往生したいと願う心を菩提心とする。
⑩念仏は観念念仏が勝れている。
法然は、阿弥陀仏の本願の万徳所帰の名号を称える念仏は観念念仏より勝れているという。
⑪生仏不二、入我我入等仏と衆生との一体の境界。
法然は、善導の三縁釈による仏との人格的呼応関係は説くものの、煩悩具足の凡夫には困難とする。
⑫修行能力を認める三学による仏教。
法然は、三学非器による仏教を求めた。
⑬阿弥陀仏の身土は、己心弥陀、唯心浄土である。
法然は、凡夫の心がそのまま阿弥陀仏や浄土とはならないとし、善導により指方立相、西方極楽世界の仏土とする。

⑭読誦大乗は、持戒、理観、菩提心とともに当世の人のとくに欲する行である。
法然は、念仏のほかに毎日、唐音、呉音、和訓の三巻の阿弥陀経を読んだが、今は一向の称名念仏であるという。

⑮悪人の往生は傍らに認める。
法然は、聖道門は善人を手本として悪人をも摂す。浄土門は悪人を手本として善人をも摂すという。また善人なおもて往生す。況んや悪人をやともいう。

⑯女人は三従五障のさわりがあるので、転女成男、変成男子を経て往生成仏する。
法然は、世俗的条件に関係なく、ただ生まれつきのままの本願念仏により生まれつきのままに往生できるという。

⑰智慧をみがくことによって往生成仏できる。
法然は、年来習ってきた智慧は往生のためにはならずという。

⑱往生成仏のためには諸功徳を積む。またできるだけ多くの念仏が功徳となる。
法然は、凡夫の積む功徳、また自力の念仏は往生のためにはならず、ただ仏の救済を願う他力の本願念仏を説く。一念一念に往生が当てがわれている他力の称名念仏のよろこびが多念になるという。

⑲公家、貴族を中心とする鎮護国家のための仏教である。
法然は、当時の身分に関係なく、盗賊、殺人者等まで含めた人びと一人ひとりのための教えを説いた。平等往生、成仏を説く。
⑳臨終の一念の念仏は百年の業に勝る。臨終重視。
法然は、臨終の念仏の続いているのが平生の念仏、平成の念仏の終わる時が臨終の念仏になるとし、臨終と平生を分けない。本願の一念は臨終平生に通ず。また臨終おもう様にならずとも念仏申せば往生するともいう。
㉑阿弥陀一仏の帰依は他の仏神を軽視無視することになる。
法然は、往生のためでなければ他の仏神に祈ることにさわりはないという。
㉒定められた道場で種々の専門的実践を行なう。
法然は、いつでもだれでもどこでも実践できる専修念仏一行を説く。

順不同に思いつくまま並べてみた。互いに関係する項目もあるが、視点の異なることから別出している。このほかにもあるのではないかと思われるので検討されたい。

〔註〕

（1）浄土仏教の思想—覚鑁—』二七三

結語

法然は、南都や北嶺の諸宗の教えを学んだが、当時としては破天荒な三学非器の身に堪えられる仏教は説かれていなく、自らの出離生死の問題を解決できなかった。そして「この三学のほかにわが心に相応する法門ありや。わが身にたへたる修行やあると、よろづの智者にもとめ、もろ〳〵の学者にとぶらひしに、おしふる人もなく、しめすともがらもなし。」とし、「かなしきかな〳〵、いかがせん〳〵」と悲嘆にくれた。この求道のありかたは、釈尊が当時の学匠を訪ね歩いて解決の方法を見い出せなかったことと同じ状況であった。

法然にとってはもっとも核となったのは「凡入報土」の一点であった。前述の二十二の項目はこの一点にまとめられる。諸宗の教えを代表させて、南都の法相宗では、阿弥陀仏の浄土は高く位置づけられているが、凡夫の往生を許してはいないし、北嶺の天台宗では、凡夫の浄土への往生を許しているが、浄土は凡聖同居土という低い浄土に位置づけられている。結果的には凡夫の報土往生は許されなかった。また諸宗のいずれの教えも、あるいは観念の成就が求められたり、あるいは菩提心や三昧発得、持戒、懺悔滅罪等を必要としたり、とても凡夫、しかも三学非器の凡夫のよくするところではない教えばかりで、いずれも満足できなかった。

しかし南都北嶺へ学匠を訪ねて何の収穫もなかったのではなく、とくに後世、念仏の教えを説くに当たって影響があったのが仏徳の問題である。阿弥陀仏が念仏を選んで凡夫に本願の行としたのはなぜかについて「聖意難測」としながらも恐る恐る試みに勝劣難易の二義によってではないかと述べている。法然以前はとくに称名念仏は劣機のためにあてがわれた麁雑の行とされていたが、阿弥陀仏の本願の行として観念の念仏より勝れているとしたのは初めてのことである。これを法然は万徳所帰の名号といっている。これについては、源信は無量寿三諦を説いて、仏身の功徳から名号の功徳への転換を説いた。これが後世に受け継がれ、永観も阿弥陀の三字に莫大な功徳があるとし、覚鑁や実範も相ついで阿弥陀の三字の功徳を明らかにしているし、叡山でも源信以後も諸師によって説かれている。ただ法然の場合は『三部経大意』に諸師と同じように阿弥陀や無量寿の三字に功徳ありとする見解がみられるが、『三部経大意』の真撰も疑われていることでもあり、法然の万徳所帰の名号は、それらとは見解が異なる。すなわち阿弥陀や無量寿の一字一字に文字を配当するのではなく、南無阿弥陀仏の名号そのものに人法、信行の功徳があるとするものであることは注意しておかなければならない。

あとがき

このたび浄土宗ご当局より平成三十年度の浄土宗教学高等講習会の講師のご依頼を受けました。いわゆる安居の講習会であり、六月の総本山知恩院における夏安居と、翌年二月の増上寺における冬安居の二回の安居であります。

ご依頼があって講座開催まで約半年でありますが、何とか形にできないものかと思ってまとめてみた次第です。今回ご依頼を受けた課題は、数年後に迫っている法然上人浄土宗開創八五〇年を受けてのことで、法然上人以前の諸宗の教え、とくに浄土教について取り上げることでありました。何分時間のないところでのことになりましたので、検討不足や思いちがいなど到らないところがあると思います。お気づきの点をお知らせいただければ、誠に幸甚に存じます。

あとになりましたが、時間の余裕のないところで出版をお引き受けいただいた山喜房佛書林社長の浅地康平氏にあつくお礼申し上げます。

著者紹介

福原　隆善（ふくはら　りゅうぜん）

昭和 16 年　京都市生まれ
昭和 39 年　龍谷大学文学部卒業
昭和 45 年　龍谷大学大学院文学研究科
　　　　　　博士後期課程単位取得退学
昭和 63 年　佛教大学文学部教授
平成 17 年　博士（文学）取得
平成 17 年　佛教大学学長
平成 17 年　叡山学院名誉教授
平成 20 年　知恩院浄土宗学研究所主任
平成 25 年　浄土宗勧学
平成 26 年　佛教大学名誉教授
平成 27 年　浄土宗大本山知恩寺住職
平成 28 年　中日仏教友好使者
　　　　　　　　中国佛学院名誉教授

著書論文

『浄土仏教の思想』第 10 巻　隆寛　講談社
平成 4 年 9 月
『往生要集研究』（編著）永田文昌堂
昭和 62 年 9 月　ほか
『智者大師別伝』（現代語訳一切経Ⅱ）
平成 9 年 4 月　大東出版社　他論文多数

浄土宗開創前の諸宗の教え

平成30年 5 月24日　印刷
平成30年 5 月28日　発行

著　者　福　原　隆　善
発行者　浅　地　康　平
印刷者　小　林　裕　生

発行所　株式会社　山喜房佛書林

〒113-0033　東京都文京区本郷5-28-5
電話(03)3811-5361　FAX(03)3815-5554

ISBN978-4-7963-0291-3　C1015